赢彩之道

双色球实战技法

彩乐乐 著

出号的依据是什么？书中给你答案！

- 统计 概率 是根本
- 方法 技巧 为准绳

经济管理出版社

ECONOMY & MANAGEMENT PUBLISHING HOUSE

图书在版编目（CIP）数据

赢彩之道：双色球实战技法 / 彩乐乐著 . —北京：经济管理出版社，2023.12
ISBN 978-7-5096-9585-2

Ⅰ.①赢… Ⅱ.①彩… Ⅲ.①社会福利 – 彩票 – 基本知识 – 中国 Ⅳ.① F726.952

中国国家版本馆 CIP 数据核字（2024）第 027750 号

组稿编辑：杨国强
责任编辑：杨国强
责任印制：许　艳
责任校对：王淑卿

出版发行：经济管理出版社
　　　　　（北京市海淀区北蜂窝 8 号中雅大厦 A 座 11 层　100038）
网　　　址：www.E-mp.com.cn
电　　　话：（010）51915602
印　　　刷：北京晨旭印刷厂
经　　　销：新华书店
开　　　本：710 mm×1000 mm/16
印　　　张：9.75
字　　　数：145 千字
版　　　次：2024 年 1 月第 1 版　　2024 年 1 月第 1 次印刷
书　　　号：ISBN 978-7-5096-9585-2
定　　　价：48.00 元

前　言

　　双色球给我们带来了中大奖的期望，同时也为工作之余平添了些许乐趣。开奖前心跳的感觉，使我们紧张、期待，仿佛点燃一团火；开奖后，或激动或失望。号码的选择，有不少彩民拿捏不准，徘徊不定，总是被33个号码所困扰。那么如何能摆脱这样的窘境呢？要知道，中奖的第一步就是选出心水号码，本书中所讲的正是选出心水号码的方法。

　　每位彩民都梦想着达成心愿，喜提大奖！不论用哪种方法，只要能提升准确率就是彩民朋友所向往的方法。

　　本书介绍了以统计分析方法与号码分析方法相结合的思路去选号。主要分为三部分：第一部分主要介绍了统计分析的过程并得出统计参数值，读者在选号时可以参考、引用。第二部分主要讲解笔者原创的走势图分析方法。彩票走势图是彩民的必备工具，每家彩票站都挂满了各式各样不同彩种的走势图，结合本书中的方法可以更精细化地分析号码，开出点位确定整体走势结构。第三部分主要介绍笔者原创的红蓝搭配法，将双色球红球号码和蓝球号码有规律地组合、搭配，大大提升命中概率。

　　本书综合了定位选号的走势分析方法以及基本走势图分析出号点位、定胆码的方法，相信彩民朋友一定会喜欢！

　　一看案例：列举两个案例，一是定位选号，一是基本走势选号，主要看方法的使用过程。

二看分析：即每个方法的分析细节。

希望有兴趣的读者慢慢发现、慢慢领悟，一步一步地做。中不中奖，首先是方法，其次是运气。书中介绍的方法，结合读者自己原有的方法，经过充分验证，才是最好的方法。

选号时候要分明，

方法结合巧验证。

技法于心常练习，

万事皆俱自然灵。

中彩是一种概率，玩彩是一种乐趣，切勿痴迷！

彩乐乐

目　录

第二部分　技 法 篇

第三部分 组 合 篇

导论　中奖率提升的思路

一、双色球提升命中率的重要思路

（一）思路一：验证

1. 杀号验证

双色球中奖概率是 6/33（约为 18%），杀号的概率是 27/33（约为 82%），杀号看似准确率高，实际上杀准很难。因为不同的方法，其准确率不同，出错周期不同，所以将不同的杀号方法笼统地综合在一起是不明智的选择。

杀号公式有很多，其中有准确率非常高的公式，但将这一类公式叠加在一起使用，难免会出现错误。而且，使用的公式越多，出错的概率越大。解决这一问题的最好方法就是验证。

验证方法一：多个公式杀同一号码。将所有杀号公式全部应用，并统计出每个公式杀掉的号码，把不同公式杀同一个号码最多的直接杀掉，一般情况下，满五个就可以选择将该号码杀掉。

验证原理：每条公式都出现错误的概率非常小，所以不同的公式杀同一个号码的准确率非常高。

验证方法二：连错验证法。某一个公式前几期连续出错，下期的准确率就非常高了。

验证原理：一个公式没有完全的正确，也没有完全的错误，依据该公式的准确概率值和最大连错值来验证下期杀号的准确率。因为公式的正确概率不同，它会产生不同的出错周期，避开错误周期就可以提高准确率。

在应用验证方法时，可以将杀号公式绘制成验证表格，一方面统计公式准确率，另一方面可以方便每一期的验证使用。

2. 验证的策略

在选号的过程中，每个应用的方法只有验证才会提升命中概率，没有哪个方法永远不会出现错误。出现错误属于正常现象，将方法笼统地结合在一起，出错的点会更多，命中概率会更低，相反，通过验证机制将方法有机地结合起来，才会事半功倍。

所谓验证机制是根据不同方法的特性决定的验证策略，验证方法主要包括极限值验证、重合点验证、多角度验证、延伸验证，一般情况下，公式计算的验证主要用极限值验证和重合点验证两种方法。例如，前文讲到的杀号公式验证思路；多角度验证和延伸验证一般用于走势图分析，在走势图当中寻找某项技术指标跨度较大的点，形成延伸态势进行验证。

（二）思路二：定位选号

定位选号：将1~6个号码按顺序排列进行分析。可以分为两个层面：①定位尾数分析；②定位号码分析。二者互助互利形成交织形态，结合本书中推荐的龙头凤尾分析方法和对应技术指标的判断，可以降低选号难度，提升命中概率。

定位选号优点：

（1）尾数与号码交织，每个位置均增加一种选号思路；

（2）选号灵活，不必在33个号码中纠结；

（3）使用定位指标分析每个位置的号码，更具针对性；

（4）分析结构清晰明朗，分析点明确。

（三）思路三：热衷的条件——技术指标

选号就是选条件，条件指技术指标，其中包括区间、奇偶、质合、大小、大中小、012 路、和值、和值尾、跨度，主要用于分析号码的整体结构。

每个技术指标都有各自的特性，每个阶段都会出现不同的走势，分析周期变化和走势是重中之重。

本书原创分析技术指标的方法，可以分析、比对每个阶段的走势和周期变化，进而得出下期基本走势和规律，做出相应判断。

（四）思路四：双色球术语也是关键

双色球术语不只是解释那么简单，术语所对应的是值得分析的关键点或分析思路，都是在选号时需要应用的。

主要应用术语如下：

（1）重叠码：也叫重复号或遗传号，与上期开出的号码相同，如图 0-1 所示。

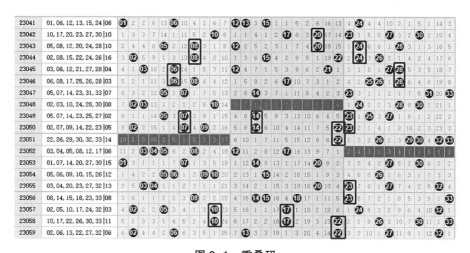

图 0-1　重叠码

（2）边码：也叫邻号，与上期开出的号码相减余 1 的号码，如图 0-2 所示。

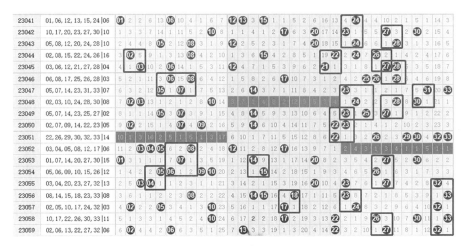

图 0-2　边码

（3）斜连码：与历期开奖号码构成斜连形态的号码，如图 0-3 所示。

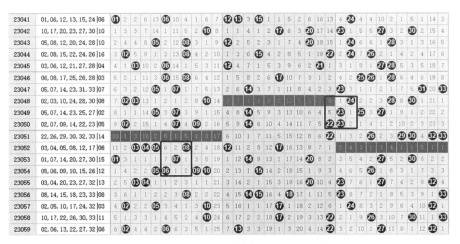

图 0-3　斜连码

（4）对望码：上下期数直观上呈现一定的规律（等量、递减、递增、倍增、倍减）出现的号码，如图 0-4 所示。

（5）三角码：走势图上的 3 个号码呈现三角形，如图 0-5 所示。

（6）弧形码：走势图上的号码呈现有序的几何图形，由三个以上号码组成，如图 0-6 所示。

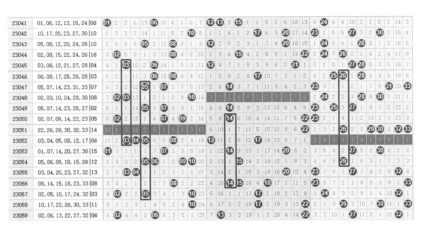

图 0-4　对望码

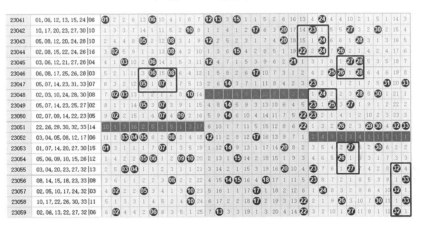

图 0-5　三角码

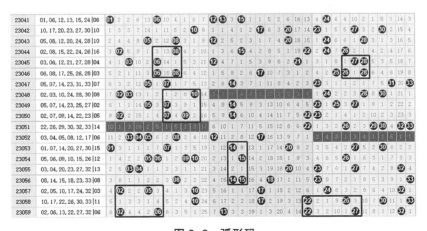

图 0-6　弧形码

（7）同位码：也叫同尾球，是指一组中奖号码中尾数相同的号码，一般每组中奖号码里都有1~2对同位码，如图0-7所示。

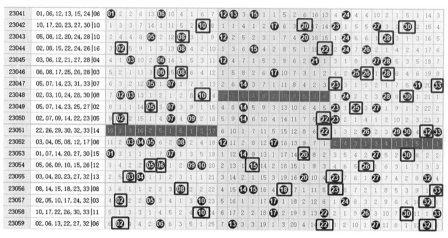

图0-7　同位码

（8）跳号：隔期出现的号码，如图0-8所示。

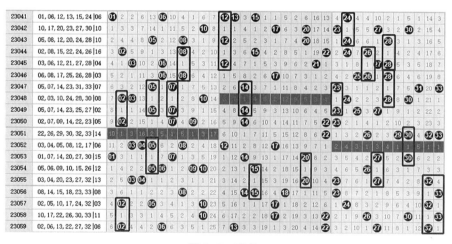

图0-8　跳号

（9）对称码：以34为基数，相互对称的两个号之和为34，如10的对称码是24。

对称码包括：【16组】

01与33；02与32；03与31；04与30；05与29；06与28；07与27；

08 与 26；09 与 25；10 与 24；11 与 23；12 与 22；13 与 21；14 与 20；15 与 19；16 与 18。

如图 0-9 所示，23044 期开出对称码 08 与 26；23045 期开出 06 与 28；23046 期开出 06 与 28；23048 期开出 10 与 24；23049 期开出 07 与 27。

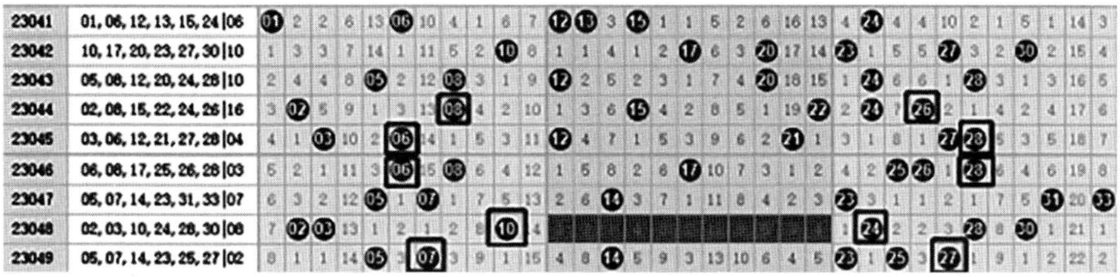

图 0-9　对称码

（10）同内差码：内差号码指个位与十位所得到的差值。在一组中奖号码中开出内差相同的号码。号码 01~33 实际上都来自原码 0~9 十个号码。

原码 0 指向码：11 22 33。

原码 1 指向码：01 10 12 21 23 32。

原码 2 指向码：02 13 20 24 31。

原码 3 指向码：03 14 25 30。

原码 4 指向码：04 15 26。

原码 5 指向码：05 16 27。

原码 6 指向码：06 17 28。

原码 7 指向码：07 18 29。

原码 8 指向码：08 19 。

原码 9 指向码：09。

如图 0-10 所示，23041 期开出同内差码 01 和 12 原码为 1；23042 期开出同内差码 10 和 23 原码为 1；23043 期开出同内差码 20 和 24 原码为 2；23044 期开出同内差码 02 和 24 原码为 2，15 和 26 原码为 4；23045 期开出同内差码 06 和 28 原码为 6，12 和 21 原码为 1；23046 期开出同内差码 06 和

28 原码为 6；23048 期开出同内差码 02 和 24 原码为 2，03 和 30 原码为 3；
23049 期开出同内差码 05 和 27 原码为 5，14 和 25 原码为 3。

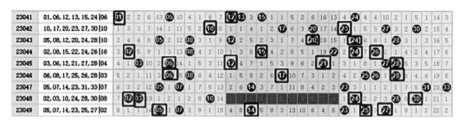

图 0-10 同内差码

根据走势图可以看出，以上 10 个术语均可作为重点分析，尤其是重叠码、边码、同位码、跳号、对称码、同内差码。

二、概率与技法连用思路

（一）概率分析

概率分析指概率与统计分析综合应用的过程，利用统计方法整理近期的走势形态，分析概率高的技术指标范围，形成系统的脉络和体系。

双色球每周开奖三期，分别是周二、周四和周日，每周整理一次基本走势形态，对近期的走势会有相对的把握和依据，并对回补号码的结构特征做重点分析。

（二）理论值与超理论值

理论值指在理想情况下应该得到的结果，理论值和实际数值存在误差。例如，统计双色球近十期 012 路出号情况，十期总共开出 60 个号码，理想情况下 012 路出号个数比应该是 20：20：20，但实际上并不会出现均分的形态。

超理论值指超越理想情况下应该得到的结果，超理论值是实际开出数值，可能形成正极超越，也就是实际数值大于理论数值，或者负极超越，也就是实际数值小于理论数值。

一般情况下正常开出的数值经过连续开出会基本接近理论值，所以，经过统计学分析可以得出调平或回补等预测信息。

（三）结合技法

在得到近期走势形态规律预测信息后，结合实际应用选号方法和策略，寻找关键出号范围，再根据近期走势规律的预测信息进行号码的组合和结构的排序，可以提升命中概率。

三、本书思路整理

（一）红球的选号思路

首先，根据统计方法分析近期走势形态和基本结构，观察哪些号码有回补趋势，将那些号码作为近期首选范围。一般情况下，与理论值背离越大的号码，回补能力越强，越要重点关注。

其次，利用实战技法分析号码精选组合。

通过原创"位移分析法"分析走势图，可以推测出龙头凤尾的大概出号位置，以首尾定全局而展开分析。

通过原创"延推法"分析走势图，可以推测出三个区间的出号个数，综合每个区间的出号个数完成初步定位，确立整体结构。

通过原创"延推法""分解法""中线与中线和法"逐一分析每个位置的尾数和号码，确保结构的严谨性。

通过原创"分解法""中线法"和走势图定胆方法，综合定出胆码和胆组，确保精选的完整性。

最后，可以通过验证杀号的方法整理号码，并按照组号逻辑组合成单式或胆拖号码进行投注。

（二）蓝球的选号思路

根据分区法将蓝球号码分为四个区间，分别是：小号、中小号、中大号、大号。首先分析大致的出号区间，然后将号码锁定在2~3个小区间。

通过原创"蓝球寻码图"选择蓝球围码，确保针对性强。

通过原创"中线与中线和法"分析蓝球，做到精选细分。

通过原创"红蓝搭配法"给红球号码组合找到符合要求的蓝球号码，确保按照原则落到实处。

第一部分

概 念 篇

第一章　红球基础

第一节　红球概率与统计

一、红球概率

（一）红球定位号码理论出现概率

红球定位号码理论出现概率如表 1-1 所示。

表 1-1　红球定位号码理论出现概率　　　　单位：%

红球	一位	二位	三位	四位	五位	六位
01	3.03030					
02	2.55682	0.47348				
03	2.14443	0.82478	0.06109			
04	1.78702	1.07221	0.16496	0.00611		
05	1.47892	1.23243	0.29578	0.02275	0.0042	
06	1.21482	1.32046	0.44015	0.05282	0.00203	0.00002
07	0.98986	1.34980	0.58687	0.09781	0.00587	0.00009
08	0.79950	1.33250	0.72682	0.15800	0.01317	0.00032
09	0.63960	1.27920	0.85280	0.23258	0.02528	0.00084

续表

红球	一位	二位	三位	四位	五位	六位
10	0.50635	1.19925	0.95940	0.31980	0.04361	0.00190
11	0.39627	1.10076	1.04283	0.41713	0.06952	0.00379
12	0.30621	0.99068	1.10076	0.52141	0.10428	0.00695
13	0.23330	0.87489	1.13221	0.62901	0.14898	0.01192
14	0.17498	0.75824	1.13736	0.73594	0.20443	0.01937
15	0.12893	0.64466	1.11740	0.83805	0.27113	0.03013
16	0.09312	0.53721	1.07443	0.93117	0.34919	0.04519
17	0.06573	0.43820	1.01122	1.01122	0.43820	0.06573
18	0.04519	0.34919	0.93117	1.07443	0.53721	0.09312
19	0.03013	0.27113	0.83805	1.11740	0.64466	0.12893
20	0.01937	0.20443	0.73594	1.13736	0.75824	0.17498
21	0.01192	0.14898	0.62901	1.13221	0.87489	0.23330
22	0.00695	0.10428	0.52141	1.10076	0.99068	0.30621
23	0.00379	0.06952	0.41713	1.04283	1.10076	0.39627
24	0.00190	0.04361	0.31980	0.95940	1.19925	0.50635
25	0.00084	0.02528	0.23258	0.85280	1.27920	0.63960
26	0.00032	0.01317	0.15800	0.72682	1.33250	0.79950
27	0.00009	0.00587	0.09781	0.58687	1.34980	0.98986
28	0.00002	0.00203	0.05282	0.44015	1.32046	1.21482
29		0.00042	0.02275	0.29578	1.23243	1.47892
30			0.00611	0.16496	1.07221	1.78702
31				0.06109	0.82478	2.14443
32					0.47348	2.55682
33						3.03030

由表 1-1 可知，出现概率比较高的号码有：

一位：01 02 03 04 05 06。

二位：04 05 06 07 08 09 10 11。

三位：11 12 13 14 15 16 17。

四位：17 18 19 20 21 22 23。

五位：23 24 25 26 27 28 29 30。

六位：28 29 30 31 32 33。

以上定位号码可以作为一个参考项，直接定位引用，经过实践效果不是很理想。

（二）红球定位号码范围概率

第一位的理论出号范围是 01~28，然而 28 出现在第一号位的概率几乎为 0，实际出号范围是 01~21；常态出号范围在 01~11；最大概率出号范围是 01~06。

第二位的理论出号范围是 02~29，实际出号范围是 02~24；常态出号范围是 04~19；最大概率出号范围是 04~11。

第三位的理论出号范围是 03~30，实际出号范围是 04~29；常态出号范围是 07~21；最大概率出号范围是 11~17。

第四位的理论出号范围是 04~31，实际出号范围是 08~30；常态出号范围是 12~28；最大概率出号范围是 17~23。

第五位的理论出号范围是 05~32，实际出号范围是 10~32；常态出号范围是 16~30；最大概率出号范围是 23~30。

第六位的理论出号范围是 06~33，实际出号范围是 11~33；常态出号范围是 20~33；最大概率出号范围是 28~33。

（三）红球连号概率

红球总共有 1107568 注组合形式，其中连号最少有一组、最多有三组的一共有 730828 注，占全部组合的 66%，仅有一组连号的组合有 583912 注，占全部组合的 52.72%；二组连号组合有 143640 注，占全部组合的 12.97%；三组连号组合有 3276 注，占全部组合的 0.3%。

在一组连号组合中，二连号的组合有 491400 注，三连号组合有 81900

注，四连号组合有 9828 注，五、六连号开出的概率极低。

二、红球统计

统计学是通过搜索、整理、分析、描述数据等手段，以达到推断所测对象的本质，甚至预测对象未来的一门综合性科学。统计学用到了大量的数学及其他学科的专业知识，其应用范围几乎覆盖了社会科学和自然科学的各个领域。

（一）红球定位尾数 012 路统计数据

0 路尾数：0、3、6、9。

1 路尾数：1、4、7。

2 路尾数：2、5、8。

统计结果分析如表 1-2 所示。

表 1-2　012 路统计数据

期号 ＼ 定位	一位尾	二位尾	三位尾	四位尾	五位尾	六位尾
23051	2 路	0 路	0 路	0 路	2 路	0 路
23052	0 路	1 路	2 路	2 路	2 路	1 路
23053	1 路	1 路	1 路	0 路	1 路	0 路
23054	2 路	0 路	0 路	0 路	2 路	0 路
23055	0 路	1 路	0 路	0 路	1 路	2 路
23056	2 路	1 路	2 路	2 路	0 路	0 路
23057	2 路	2 路	0 路	1 路	1 路	2 路
23058	0 路	1 路	2 路	0 路	0 路	0 路
23059	2 路	0 路	0 路	2 路	1 路	2 路
23060	0 路	1 路	1 路	0 路	0 路	1 路

综合尾数 012 路分析：

一般情况下，尾数 012 路中 0 路尾数号码开出个数要高于 1 路尾数号码和2路尾数号码。结合统计表看，0路尾数号码开出26个。1路尾数号码开出16个，2路尾数号码开出18个，0路尾数号码开出个数与1路尾数号码开出个数的差值是10，看1路尾数号码有回补可能。

一般情况下，0路尾数号码开出个数与1路尾数号码或2路尾数号码开出个数差值在10以下属于正常形态，在10及以上可能回补。1路尾数号码与2路尾数号码开出个数的差值在7以下属于正常形态，在7及以上则有回补可能。

定位尾数012路分析：

一般情况下，定位尾数012路中0路尾号码开出个数要高于1路尾号码和2路尾号码。结合统计表来看，一位1路尾数号码开出一个，2路尾数号码开出五个，0路尾数号码开出四个，2路尾数号码明显偏多，已达到统计期数的半数，1路尾数号码和0路尾数号码明显适中，近期很可能回补1路尾数号码；二位1路尾数号码开出六个，2路尾数号码开出一个，0路尾数号码开出三个，1路尾数号码明显偏多，已达到统计期数的半数以上，2路尾数号码和0路尾数号码明显偏少，近期很可能回补2路尾数号码或0路尾数号码；三位1路尾数号码开出两个，2路尾数号码开出三个，0路尾数号码开出五个，012路尾数号码开出个数较为均衡；四位1路尾数号码开出一个，2路尾数号码开出三个，0路尾数号码开出六个，1路尾数号码明显偏少，0路尾数号码偏多，2路尾数号码较为适中，1路尾数号码开出个数与0路尾数号码开出个数的差值为5，近期可能回补1路尾数号码；五位1路尾数号码开出四个，2路尾数号码开出三个，0路尾数号码开出三个，0路尾数略少，但是差别不大，不作为分析；六位1路尾数号码开出两个，2路尾数号码开出三个，0路尾数号码开出五个，012路尾数号码开出个数较为均衡。

（二）红球号码012路统计数据

1路号码：01、04、07、10、13、16、19、22、25、28、31。

2 路号码：02、05、08、11、14、17、20、23、26、29、32。

0 路号码：03、06、09、12、15、18、21、24、27、30、33。

统计结果分析如表 1-3 所示。

表 1-3　红球号码 012 路统计

期号＼定位	一位	二位	三位	四位	五位	六位
23051	1 路	2 路	2 路	0 路	2 路	0 路
23052	0 路	1 路	2 路	2 路	0 路	2 路
23053	1 路	1 路	2 路	2 路	0 路	0 路
23054	2 路	0 路	0 路	1 路	0 路	2 路
23055	0 路	1 路	2 路	2 路	0 路	2 路
23056	2 路	2 路	0 路	0 路	2 路	0 路
23057	2 路	2 路	1 路	2 路	0 路	2 路
23058	1 路	2 路	1 路	2 路	0 路	0 路
23059	2 路	0 路	1 路	1 路	0 路	2 路
23060	0 路	2 路	2 路	1 路	0 路	1 路

综合号码 012 路分析：

结合统计表来看，十期内开出 1 路号码 13 个，开出 2 路号码 26 个，开出 0 路号码 21 个，其中 1 路号码偏少，2 路号码偏多，0 路号码较为适中。1 路号码出号个数与 2 路号码出号个数的差值为 13，远超一般差值范围，所以近期 1 路号码有望回补出号。

012 路号码分布均匀，每个路数对应的都包含 11 个号码，统计十期号码，理论出号形态应该是 20∶20∶20，但在实际中出现均衡出号的概率非常低。一般情况下，两个路数出号个数差值小于 7 属于正常范围，个数差值在 7 及以上时有回补可能，在 10 以上时回补概率更高。如统计中 1 路号码个数与 2 路号码个数相差 13 个，那么 1 路号码近期回补趋势很强。

定位号码 012 路分析：

结合统计表来看：一位 1 路号码开出三个，2 路号码开出四个，0 路号码开出三个，开出数量较为均衡；二位 1 路号码开出三个，2 路号码开出五个，0 路号码开出两个，2 路号码开出个数明显偏多，已达到统计期数的半数，近期很可能回补 0 路或 1 路号码；三位 1 路号码开出三个，2 路号码开出五个，0 路号码开出两个，2 路号码开出个数明显偏多，已达到统计期数的半数，近期很可能回补 0 路或 1 路号码；四位 1 路号码开出三个，2 路号码开出五个，0 路号码开出两个，2 路号码开出个数明显偏多，已达到统计期数的半数，近期很可能回补 0 路或 1 路号码；五位 1 路号码开出零个，2 路号码开出两个，0 路号码开出八个，0 路号码明显偏多，已达到统计期数的半数以上，近期 1 路号码和 2 路号码可能出现回补；六位 1 路号码开出一个，2 路号码开出五个，0 路号码开出四个，2 路号码明显偏多，已达到统计期数的半数，近期很可能回补 0 路号码或 1 路号码。

结合统计表分析来看，二位、三位、四位、六位需要回补的号码属于同类型，出号个数相差无几，一般情况下不会同时定位回补。这种情况下，需要这四个号码位置增加统计期数再进行分析，看哪个位置的号码回补能力最强。

（三）红球定位尾数大中小统计数据

小尾数号码：0、1、2。

中尾数号码：3、4、5、6。

大尾数号码：7、8、9。

统计结果分析如表 1-4 所示。

表 1-4　红球定位尾数统计

定位 期号	一位尾	二位尾	三位尾	四位尾	五位尾	六位尾
23051	小	中	大	小	小	中

续表

定位\期号	一位尾	二位尾	三位尾	四位尾	五位尾	六位尾
23052	中	中	中	大	小	大
23053	小	大	中	小	大	小
23054	中	中	大	小	中	中
23055	中	中	小	中	大	小
23056	大	中	小	大	中	中
23057	小	中	小	大	中	小
23058	小	大	小	中	小	中
23059	小	中	中	小	大	小
23060	大	小	大	大	小	小

（1）综合号码尾数大中小分析。结合统计表来看，十期内小尾数号码开出22个，中尾数号码开出23个，大尾数号码开出15个。一般情况下中尾数号码的开出个数要高于小尾数号码和大尾数号码。在分析开出个数时，中尾数号码与小尾数号码或大尾数号码的个数差值在10以下均为正常范围，超出10属于偏态，近期可能回补缺失的号码。大小尾数号码一般开出个数比较平均，出现差值在7及以上时要注意近期回补。如统计中的大尾数号码与小尾数号码差值为7，可以判断近期大尾数号码有回补可能。

（2）定位号码尾数大中小分析。结合统计表来看，一位开出小尾号码5个，开出中尾号码3个，开出大尾号码2个，小尾号码明显偏多，已达到统计期数的半数，中大尾号码则偏少，近期的中大尾号码应该作为主选号码范围，有回补可能；二位开出小尾号码1个，开出中尾号码7个，开出大尾号码2个，大小尾号码出号个数基本平衡属于正常形态，中尾号码出号个数偏多，近期可能出现大小尾号码回补的情况；三位开出小尾号码3个，开出中尾号码4个，开出大尾号码3个，大中小尾号码出号均衡，属于正常出号形态；四位小尾号码开出4个，中尾号码开出2个，大尾号码开出4个，大小尾号码开出个数均衡，中尾号码开出个数偏少，近期中尾号码可能会回补；五位小尾号码开出 4 个，中尾号码开出 3 个，大尾号码开出 3 个，大中小尾号码开出个数基本均衡，中尾号码偏少，但是未达到回补的情况，在实战当中可以增加统计期数再做进一步分析；六位小尾号码开出 5 个，中尾号码开出 4 个，大尾号码开出 1 个，小尾号码明显偏多，已达到统计期数的半数，大尾号码明显偏少，近期主要关注中尾号码和大尾号码，重中之重是大尾号码的回补。

（四）红球号码大中小统计数据

小号：01~11。

中号：12~22。

大号：23~33。

统计结果分析如表 1-5 所示。

表 1-5 红球号码统计

定位 期号	一位	二位	三位	四位	五位	六位
23051	中	大	大	大	大	大
23052	小	小	小	小	中	中
23053	小	小	中	中	大	大
23054	小	小	小	小	中	大
23055	小	小	中	大	大	大
23056	小	中	中	中	大	大
23057	小	小	小	中	大	大
23058	小	中	中	大	大	大
23059	小	小	中	中	大	大
23060	小	小	中	中	大	大

综合号码大中小分析：结合统计表来看，十期内开出小号 21 个，开出中号 17 个，开出大号 22 个，号码开出个数基本均衡。

大中小号码分布均匀，对应的号码都是11个，统计十期号码，理论出号形态比应该是20∶20∶20，但实际中出现均衡出号的概率非常低。一般情况下，出号个数差值小于7属于正常范围，个数差值在7及以上时有回补可能，在10以上时回补概率更高。如统计中开出个数最多的是大号22个，开出个数最少的是中号17个，个数差值为5，属于正常范围。

定位号码大中小分析概念：一二号码位一般情况下开出小号和中号概率最高；三四号码位小中大均有开出可能，以中号开出概率最高；五六号码位开出中号和大号概率最高。

（五）红球号码奇偶统计数据

奇数：01、03、05、07、09、11、13、15、17、19、21、23、25、27、29、31、33。

偶数：02、04、06、08、10、12、14、16、18、20、22、24、26、28、30、32。

统计结果分析如表1-6所示。

表1-6　红球号码奇偶统计

定位 期号	一位	二位	三位	四位	五位	六位
23051	偶数	偶数	奇数	偶数	偶数	奇数
23052	奇数	偶数	奇数	偶数	偶数	奇数
23053	奇数	奇数	偶数	偶数	奇数	偶数
23054	奇数	偶数	奇数	偶数	奇数	偶数
23055	奇数	偶数	偶数	奇数	奇数	偶数
23056	偶数	偶数	奇数	偶数	奇数	奇数
23057	偶数	奇数	偶数	奇数	偶数	偶数
23058	偶数	奇数	偶数	偶数	偶数	奇数
23059	偶数	偶数	奇数	偶数	奇数	偶数
23060	奇数	奇数	奇数	奇数	偶数	奇数

综合奇偶分析：结合统计表来看，十期总共开出60个号码，其中偶数开出32个，奇数开出28个，奇偶开出个数差是4，偶数偏多，但是属于正常

范围。

一般情况下，统计 5 期奇偶形态，偶数个数与奇数个数的差值在 7 及以上时，近期反向运动的概率增加。统计 10 期奇偶形态，偶数个数与奇数个数的差值在 10 及以上时，近期反向运动的概率增加。

定位奇偶分析：结合统计表来看，一位偶数开出 5 个，奇数开出 5 个，属于正常形态；二位偶数开出 6 个，奇数开出 4 个，属于小偏态形式，有回补奇数的可能但是不明显；三位偶数开出 4 个，奇数开出 6 个，因为实际号码数量奇数比偶数多一个，所以在出号时奇数也会偏多 1~2 个，属于正常形态；四位偶数开出 7 个，奇数仅开出 3 个，其奇偶定位个数差是 4 个，接近统计期数的半数，可以预测近期奇数有回补可能；五位偶数开出 5 个，奇数开出 5 个，属于正常形态；六位偶数开出 5 个，奇数开出 5 个，属于正常形态。

一般情况下，在分析定位奇偶时，通过 10 期或以上的开奖数据，统计每个位置奇数开出个数和偶数开出个数，取其个数差为 4~7 及以上时，近期反向运动的概率增加，奇数略多 1~2 码属于正常。

（六）红球号码质合统计数据表

质数包括：01 02 03 05 07 11 13 17 19 23 29 31。

合数包括：04 06 08 09 10 12 14 15 16 18 20 21 22 24 25 26 27 28 30 32 33。

统计结果分析如表 1-7 所示。

表 1-7　红球号码质合统计

定位 期号	一位	二位	三位	四位	五位	六位
23051	合数	合数	质数	合数	合数	合数
23052	质数	合数	质数	合数	合数	质数

续表

期号 \ 定位	一位	二位	三位	四位	五位	六位
23053	质数	质数	合数	合数	合数	合数
23054	质数	合数	合数	合数	合数	合数
23055	质数	合数	合数	质数	合数	合数
23056	合数	合数	合数	合数	质数	合数
23057	质数	质数	合数	质数	合数	合数
23058	合数	质数	合数	合数	合数	合数
23059	质数	合数	质数	质数	合数	合数
23060	合数	质数	质数	质数	合数	质数

一般情况下，每一位置连续开出 2~4 期质数时，下期合数出现概率很高。因为合数号码比质数号码多出 9 个，所以开出的概率也会高于质数号码。一般情况下，合数最多连出 7 期。

综合质合分析：结合统计表来看，十期总共开出 60 个号码，其中，合数开出 40 个，质数开出 20 个，质合开出个数差是 20。一般情况下，合数高于质数 10 个以下属于正常范围，如上述差值在 20 个，说明近期质数有回补的可能。

定位质合分析：结合统计表来看，一位合数开出 4 个，质数开出 6 个，属于小偏态形式，有回补合数的可能但是不明显；第二位、第三位均为合数开出 6 个，质数开出 4 个，属于正常形态；第四位合数开出 7 个，质数仅开出 3 个，其质合定位个数差是 4，接近统计期数的半数，又因一般情况下，合数最大连开七期，所以可以预测近期质数有回补可能；第五位合数开出 9 个，质数仅开出 1 个，质合定位个数差是 8，近期质数回补概率非常高；六位合数开出 8 个，质数仅开出 2 个，质合定位个数差是 6，近期质数回补概率仅次于五位的情况。

根据综合分析质合情况判断近期回补质数、出号结构，可以判断近期回补质数应该主要关注四位、五位和六位，因为平衡性原理，在回补过程中会间断性地开出合数号码。

在选号过程中，分析质合数的个数差值，每一位置号码回补的基本构造是提升命中概率的关键点。

相反，如果质数开出多于合数，合数也要回补。一般情况下，在综合分析时，若质数比合数多出 8 个以上，合数可能会出现回补现象。在定位分析时，质数连续开出 4 期，下期开出合数的概率较大。或是通过 15 期或以上开奖数据，统计定位的质数开出个数取其差值范围是 4~8 时，近期向合数运动的概率增加。

（七）红球区间出号个数统计数据

统计结果分析如表 1-8 所示。

表 1-8 红球区间出号统计

期号 \ 区间	一区	二区	三区
23051	0 个	1 个	5 个
23052	4 个	2 个	0 个
23053	2 个	2 个	2 个
23054	4 个	1 个	1 个
23055	2 个	1 个	3 个
23056	1 个	3 个	2 个
23057	3 个	1 个	2 个
23058	1 个	2 个	3 个
23059	2 个	2 个	2 个
23060	2 个	2 个	2 个

以上统计了十期三区出号个数比，发现十期内仅有三期某个区间开出 0 个号码、4 个号码或以上出号个数的情况，另外七期均在 1~3 个号码。

经过多期统计与观察，开出 0 个号码、4 个号码或以上的情况一般经常

集中出现在一点，连续或间断 1~2 期开出三期左右，之后每个区间连续开出
1~3 个号码，如图 1-1 所示。

2:1:3		0:4:2
2:2:2		1:0:5
(2:4:0)		2:2:2
3:1:2		3:2:1
2:2:2		1:2:3
2:1:3		2:3:1
2:2:2		1:2:3
(0:3:3)		2:2:2
2:2:2		2:2:2
1:3:2		2:1:3
1:1:4		2:1:3
1:3:2		3:0:3
3:2:1		2:1:3
2:2:2		3:2:1
3:1:2		**(0:1:5)**
3:1:2		4:2:0
1:3:2		2:2:2
(1:1:4)		4:1:1
2:1:3		2:1:3
3:3:0		1:3:2
2:1:3		3:1:2
3:1:2		1:2:3
		2:2:2
		2:2:2

图 1-1 三区比规律

统计出号形态和结构，是对近期出号大规律的把握方式。也就是说，如对
号码的大方向、大趋势有了整体思路，再做细节分析时就有了集中点和目标。

出号的过程是出偏、纠正，再出偏、再纠正的反复过程，这也是统计学
的应用和实践的过程。双色球每周开奖三期，每周做一次近期统计，观察之
前的偏态是否纠正，是否出现新的偏态情况。

第二节　红球区间划分

双色球红球号码是01~33，总共33个号码。区间指将33个红球号码按照个数做间断划分。一般有三种划分方式，包括3分区、4分区、11分区，区间分布主要参考开奖号码的集散情况。

一、3分区

3分区是最主流也是应用最广泛的方法。3分区指将33个号码平均分成三组每组11个号码，一区为01~11；二区为12~22；三区为23~33。

3分区优点：每个区间的号码个数相同分布对称，有利于分析、研究和实战。

区间出号个数概率比：双色球3分区每个区间均为11个号码，所以每个区间开出号码个数的概率都是相等的。

区间开出0个号码的理论概率约等于6.7%。

区间开出1个号码的理论概率约等于26.2%。

区间开出2个号码的理论概率约等于36.3%。

区间开出3个号码的理论概率约等于22.9%。

区间开出4个号码的理论概率约等于6.9%。

区间开出5个号码的理论概率约等于0.9%。

区间开出6个号码的理论概率约等于0.1%。

根据理论概率值可以看出，每个区间开出1~3个号码的概率最高，占85.46%，所以在实战中每个区间选择1~3个号码最佳。

开出 0 个号码或 4 个号码不作为主要选择范围，在实战过程中按照统计规律做实时调整。开出 6 个号码的概率基本可以忽略不计。

3 分区研究：

（1）三区出号个数比包含（28 种类型）：

0：0：6、0：1：5、0：2：4、0：3：3、0：4：2、0：5：1、0：6：0。

1：0：5、1：1：4、1：2：3、1：3：2、1：4：1、1：5：0。

2：0：4、2：1：3、2：2：2、2：3：1、2：4：0。

3：0：3、3：1：2、3：2：1、3：3：0。

4：0：2、4：1：1、4：2：0。

5：0：1、5：1：0。

6：0：0。

高概率三区比：1：2：3　1：3：2　2：1：3　2：2：2　2：3：1　3：1：2　3：2：1。

（2）区间规律——区间推动。

区间推动指每个区间开出号码个数增减的规律，分为短期、中期和长期的推动，一般来说，5~10 期为短期，20~50 期为中期，50 期以上为长期。短期是分析近期的表现，中期是分析现阶段走势，长期则是总体规律的分析。

在分析推动力判断出号结构时，以中短期为主要分析依据（见表 1-9）。

表 1-9　23042~23061 期（中期）统计

区间	一区	二区	三区
出号个数	44	32	44

如表 1-9 所示，一区与三区均等，二区出号个数最少，近期的三区比分析要以二区为主要推动作用点。

二、4分区

（一）4分区的两种概念

（1）中心点4分区概念。将17设定为中心点，其余32个号码平均分为四个区间：一区01~08；二区09~16；三区18~25；四区26~33。

（2）头数4分区概念。以0开头的号码01~09，共九个号码；以1开头的号码10~19，共十个号码；以2开头的号码20~29，共十个号码；以3开头的号码30~33，共四个号码。分区为：一区01~09；二区10~19；三区20~29；四区30~33。

区间理论概率出号个数为：

一区01~09共九个号码（9÷33）×6=1.6（个）

二区10~19共十个号码（10÷33）×6=1.8（个）

三区20~29共十个号码（10÷33）×6=1.8（个）

四区30~33共四个号码（4÷33）×6=0.7（个）

（二）中心点4分区研究与分析

中值调节出号个数。以中心点17作为中值线，将号码划分为小号、中心点、大号，中心点可以看作"天平"的支点，以中心点调节小号与大号的出号个数。每当中心点开出以后，下期大概率会翻转出号结构。预判号码个数偏多的两个区间作为分析四区比的关键点（见图1-2）。

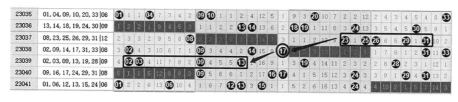

图1-2　中值调节

如图1-2所示，23037期开出23、25、26、29、31，属于大号区间号码，号码个数为5，23038 期开出中心点号码 17，23039 期调节出号结构，小号区间开出 02、03、09、13，号码个数为 4，大号区间仅开出 19、28，号码个数为 2。

把握好出号个数多的两个区间，重点分析两个区间的整体结构。

（三）头数 4 分区研究与分析

头数 4 分区可以利用头数作为分析方法，头数分为 0、1、2、3 四个号码，判断每个头数的出号个数，即可分析该区间的出号情况，如图 1-3 所示。

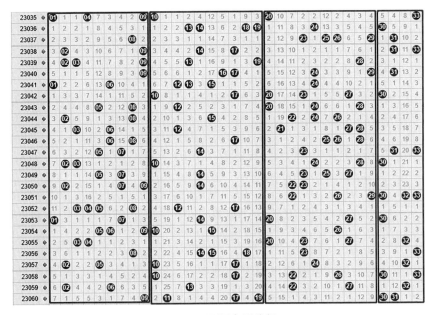

图 1-3　区间出号分析

（四）五期均值分析法

方法一：用近五期的出号个数取其平均数值（满五进一原则），作为下期预测出号个数。

验证方法：上期出错，下期正确概率提高。出现连错 2~3 期后，下期准确率最高。验证不合适的区间放弃使用该方法，利用其他区间推算出剩余区间的出号个数。

举例：

例一：23054~23058 期。

一区开出号码个数是 8 个，8÷5=1.6，取 2 作为下期预测出号个数，23059 期开出二码 02、06。

例二：23055~23059 期。

一区开出号码个数是 7 个，7÷5=1.4，取 1 作为下期预测出号个数，23060 期一区开出一码 09。

方法二：用近五期的出号个数取其平均数值（满五进一原则和前后取其一原则并用），结合近期出号个数多少，分析下期预测出号个数。

验证方法：上期出错，下期正确概率提高。验证不合适的区间放弃使用该方法，利用其他区间推算出剩余区间的出号个数。

举例：23055~23059 期。

二区开出号码个数是 8 个，8÷5=1.6，取 2，取其左右各一码 1、3。二区号码处于热出状态，所以判断二区出号继续走热，大概率出号在 2~3 个。23060 期二区开出三码 11、17、19。

一般情况下 4 分区应用中心点区分法最常见。

三、11 分区

11 分区是将 33 个号码平均分成 11 份，每个区间 3 个号码。因为每期开奖号码只有六个，所以每期最少要断五个区，如图 1-4 所示。

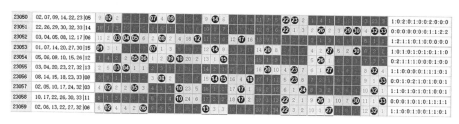

图 1-4　11 分区

一般情况下，11 分区最少要落在两个区间，因开出在两个区间的理论概率和实际概率都很低，所以只看分布在 3 个区间以上的类型。

（1）分布 3 个区间：理论上可能开出的组合有 13365 种，出现概率是 1.207%。

（2）分布 4 个区间：理论上可能开出的组合有 196020 种，出现概率是 17.698%。

（3）分布 5 个区间：理论上可能开出的组合有 561330 种，出现概率是 50.681%。

（4）分布 6 个区间：理论上可能开出的组合有 336798 种，出现概率是 30.409%。

分布在 5 个区间是概率最高的类型，理论和实际概率超出半数，其次是分布在 6 个区间的类型。

在分析过程中，若连续两个以上区间上期同时未出号码，那么这两个以上区间即可定为出胆区间。

如图 1-5 所示，23051 期一区、二区、三区、四区、五区、六区、七区均未出号，23052 期一区开出 03，二区开出 04、05，三区开出 08，四区开出 12，六区开出 17。

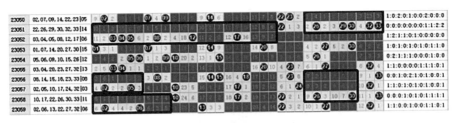

图 1-5 连续二区未出号码定胆

23058 期一区、二区、三区均未出号，23059 期一区开出 02，二区开出 06。

第三节　红球奇偶、质合、大小划分

┃一、红球奇偶划分

　　奇数指除 2 余 1 的号码，在双色球 33 个号码中共有 17 个，偶数指除 2 余 0 的号码，在双色球 33 个号码当中共有 16 个。

　　奇数：01 03 05 07 09 11 13 15 17 19 21 23 25 27 29 31 33。

　　偶数：02 04 06 08 10 12 14 16 18 20 22 24 26 28 30 32。

　　双色球红球 33 个号码总组合数是 1107568 注。

　　奇偶数有三种组合形式：全奇数组合、全偶数组合、奇偶数混合组合。其中，全奇数组合共有 12376 注，占总注数的百分比约为 1.1%；全偶数组合共有 8008 注，占总注数的百分比约为 0.7%。混合型组合分为：

　　5 个奇数 1 个偶数，共有 99008 注，占总注数的百分比约为 8.9%；

　　4 个奇数 2 个偶数，共有 285600 注，占总注数的百分比约为 26%；

　　3 个奇数 3 个偶数，共有 380800 注，占总注数的百分比约为 34.3%；

　　2 个奇数 4 个偶数，共有 247520 注，占总注数的百分比约为 22.3%；

　　1 个奇数 5 个偶数，共有 74256 注，占总注数的百分比约为 6.7%。

　　依据总体概率分析，全奇全偶组合开出概率最低，其次是 5 偶 1 奇和 5 奇 1 偶的情况，3 奇 3 偶、4 奇 2 偶、2 奇 4 偶为概率较高的情况，总占比数约为 82.6%。

二、红球质合划分

双色球质数指：除了能被 1 和它本身整除外，再不能被其他自然数整除的数，01 除外。质数包括（12 个）：01、02、03、05、07、11、13、17、19、23、29、31。

双色球合数指：除了能被 1 和它本身整除外，还可以被其他自然数整除的数。合数包括（21 个）：04、06、08、09、10、12、14、15、16、18、20、21、22、24、25、26、27、28、30、32、33。

双色球红球 33 个号码总组合数是 1107568 注。

质合数有三种组合形式：全质数组合、全合数组合、质合数混合组合。其中，全质数组合共有 924 注，占总注数的百分比约为 0.1%；全合数组合共有 54264 注，占总注数的百分比约为 5%。混合型组合分为：

5 个质数 1 个合数，共有 16632 注，占总注数的百分比约为 1.5%；

4 个质数 2 个合数，共有 103950 注，占总注数的百分比约为 9.4%；

3 个质数 3 个合数，共有 292600 注，占总注数的百分比约为 26%；

2 个质数 4 个合数，共有 395010 注，占总注数的百分比约为 36%；

1 个质数 5 个合数，共有 244188 注，占总注数的百分比约为 22%。

依据总体概率分析，全质数组合出现概率最低，其次是 5 个质数 1 个合数，由此看来，质数出现多的概率明显偏低，质数在 1~3 个的概率最高，总占比数约为 84%。

三、红球大小划分

红球的大小划分，01~16 为小号，17~33 为大号。

双色球红球 33 个号码总组合数是 1107568 注。

小数：01 02 03 04 05 06 07 08 09 10 11 12 13 14 15 16。

大数：17 18 19 20 21 22 23 24 25 26 27 28 29 30 31 32 33。

大小数有三种组合形式：全小数组合、全大数组合、大小数混合组合。其中，全小数组合共有 8008 注，占总注数的百分比约为 0.7%；全大数组合共有 12376 注，占总注数的百分比为 1.1%。

混合型组合分为：

5 个大数 1 个小数，共有 99008 注，占总注数的百分比约为 8.9%；

4 个大数 2 个小数，共有 285600 注，占总注数的百分比约为 26%；

3 个大数 3 个小数，共有 380800 注，占总注数的百分比约为 34.3%；

2 个大数 4 个小数，共有 247520 注，占总注数的百分比约为 22.3%；

1 个大数 5 个小数，共有 74256 注，占总注数的百分比约为 6.7%。

依据总体概率分析，全大全小组合开出概率最低，其次是 5 小 1 大和 5 大 1 小的情况，3 大 3 小、4 大 2 小、2 大 4 小为概率较高的情况，总占比数约为 82.6%。

第四节　红球 012 路划分

012 路划分依据是号码除以 3，看余数区分路数。

012 路分为号码 012 路和尾数 012 路，比如说号码 24，24÷3=8 余 0，属于 0 路号码，其尾数是 4，4÷3=1 余 1，属于 1 路号码。

在定位选号过程中，利用分析定位号码 012 路和尾数 012 路可以精简选号，简单方便，命中率高。

一、红球号码012路划分

1 路：01 04 07 10 13 16 19 22 25 28 31。

2 路：02 05 08 11 14 17 20 23 26 29 32。

0 路：03 06 09 12 15 18 21 24 27 30 33。

012 路定位与路数比如图 1-6 所示。

期号	奖号	红球属性 / 012路属性						012路比值								
23033	08, 09, 13, 23, 24, 26 |05	2	0	1	2	0	2	51	4	5	9	**2:1:3**	3		
23034	02, 03, 09, 11, 12, 17 |15	2	0	0	2	0	2	52	5	**3:0:3**	10	1	4	2	
23035	04, 09, 10, 20, 31, 06	1	1	0	1	0	1	53	1	11	**3:2:1**	3			
23036	13, 14, 18, 19, 24, 30 |09	1	2	0	1	0	0	54	7	2	12	4			
23037	08, 23, 25, 26, 29, 31 |12	2	2	1	2	2	1	55	**0:2:4**	3	13	4	5		
23038	02, 09, 14, 17, 31, 33 |08	2	0	2	2	1	0	56	1	4	14	**2:1:3**	2	6	
23039	02, 03, 09, 13, 19, 28 |09	2	0	3	0	2	1	57	2	5	**2:3:1**	1			
23040	09, 16, 17, 24, 29, 31 |08	0	1	2	0	2	1	58	3	6	16	**2:2:2**			
23041	01, 06, 12, 13, 15, 24 |06	1	0	0	1	0	0	59	**4:2:0**	7	17	3	2		
23042	10, 17, 20, 23, 27, 30 |10	1	2	0	2	3	0	60	6	18	**2:1:3**	3	2		
23043	05, 08, 12, 20, 24, 28 |13	0	5	0	1	2	0	61	2	9	19	**2:1:3**			
23044	02, 08, 15, 22, 24, 26 |16	2	2	0	1	0	2	62	3	10	20	**2:1:3**	5	4	
23045	03, 06, 12, 21, 27, 28 |04	0	0	0	0	0	1	**5:1:0**	4	11	21	6	5		
23046	06, 08, 17, 25, 26, 28 |03	0	0	2	0	1	1	1	5	12	22	**1:2:3**	7	6	
23047	05, 07, 14, 23, 31, 33 |07	2	1	0	3	1		2	6	13	23	**1:2:3**	7	7	

图 1-6　012 路定位与路数比

1. 012 路定位属性

定位属性指每个号码位开出 012 路的实质特点和结构特点。

一般情况下每个位置不会出现连续五期相同的路数号码，一般出现 2~3 期相同路数号码后，下期可能出现其他路数号码。

2. 012 路比值属性

比值属性指每期开奖号码对应 012 路开出个数的实质特点和结构特点。

开出全 0 路、全 1 路或全 2 路的开奖号码概率非常低，开出某一路数组合只占总注数的 0.04%；开出 0 路 1 路、0 路 2 路或 1 路 2 路的两个路数组合形态的开奖号码，概率也很低，只占总注数的 6.7%。一般情况下，要重点考虑 012 路全组合形态开出，占总注数的 93%。其中开出概率最高的是 1：2：3；1：3：2；2：1：3；2：3：1；3：1：2；3：2：1；2：2：2。

二、红球尾数 012 路划分

1 路：147——01 04 07 11 14 17 21 24 27 31。

2 路：258——02 05 08 12 15 18 22 25 28 32。

0 路：0369——03 06 09 10 13 16 19 20 23 26 29 30 33。

定位尾数 012 路与尾数 012 路出号个数如图 1-7 所示。

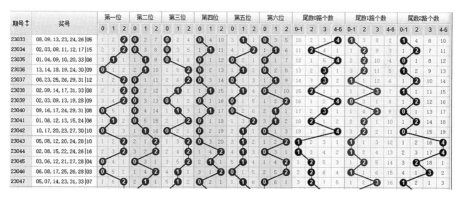

图 1-7　定位尾数 012 路与尾数 012 路出号个数

1. 尾数 012 路定位属性

定位属性指每个号码位开出尾数 012 路的实质特点和结构特点。

一般情况下，每个位置的号码尾数不会出现连续五期相同的路数，一般出现 2~3 期相同路数时，下期很可能出现其他路数。0 路在出号概率上要强一些，一般连续开出 3~5 期相同路数时，下期很可能出现其他路数。

2. 尾数 012 路出号个数属性

出号个数指每期尾数 012 路开出个数的实质特点和结构特点。

尾数 012 路推动力：

推动力指近期开出号码个数的增减规律。分为短期、中期和长期，一般 5~10 期为短期，20~50 期为中期，50 期以上为长期。短期分析近期的表现形态，中期分析现阶段走势形态，长期是总体规律的分析。

在分析推动力判断出号结构时，以中短期为主要分析依据，如图 1-10 所示。

表 1-10　23038~23047 期（短期）统计

路数	0 路	1 路	2 路
出号个数	23	18	19

总共统计十期，理论值是 20：20：20，与实际开出个数 23：18：19 基本均衡。

三、红球号码与尾数 012 路重叠观察

1. 号码 012 路

1 路：01 04 07 10 13 16 19 22 25 28 31。

2 路：02 05 08 11 14 17 20 23 26 29 32。

0 路：03 06 09 12 15 18 21 24 27 30 33。

2. 尾数 012 路

1 路：147——01 04 07 11 14 17 21 24 27 31。

2 路：258——02 05 08 12 15 18 22 25 28 32。

0 路：0369——03 06 09 10 13 16 19 20 23 26 29 30 33。

3. 叠加综合

1 路尾数：

属于 1 路号码 1 路尾数的：01 04 07 31。

属于 2 路号码 1 路尾数的：11 14 17。

属于 0 路号码 1 路尾数的：21 24 27。

2 路尾数：

属于 1 路号码 2 路尾数的：22 25 28。

属于 2 路号码 2 路尾数的：02 05 08 32。

属于 0 路号码 2 路尾数的：12 15 18。

0 路尾数：

属于 1 路号码 0 路尾数的：10 13 16 19。

属于 2 路号码 0 路尾数的：20 23 26 29。

属于 0 路号码 0 路尾数的：03 06 09 30 33。

根据上述分类，将号码路数和尾数路数分析出来，那么定位号码仅剩最多六个号码、最少三个号码，排除该位置出号不符的号码就是这个位置的胆码。例如，第六位选定 0 路号码 0 路尾数，那么对应的号码是：03、06、09、30、33，第六位基本不可能开出 03、06、09，那么符合第六位置的号码只有 30 和 33。

第二章　蓝球基础

第一节　蓝球统计

统计：通过搜索、整理、分析、描述数据等手段，以达到推断所测对象的本质，甚至预测对象未来的一门综合性科学。统计学用到了大量的数学及其他学科的专业知识，其应用范围几乎覆盖了社会科学和自然科学的各个领域。

一、蓝球尾数012路统计数据

0 路尾数：0、3、6、9。

1 路尾数：1、4、7。

2 路尾数：2、5、8。

统计结果分析：

一般情况下，尾数012路中0路尾数号码开出个数要高于1路尾数号码和2路尾数号码。结合统计（见表2-1），0路尾数号码开出4个，1路尾数号码开出3个，2路尾数号码开出3个，012路分布较为均衡。

表 2-1 蓝球尾数 012 路统计

期号	蓝球尾	路数
23051	4	1 路
23052	6	0 路
23053	5	2 路
23054	2	2 路
23055	3	0 路
23056	8	2 路
23057	3	0 路
23058	1	1 路
23059	6	0 路
23060	1	1 路

一般情况下，统计十期，0 路尾数号码开出个数与 1 路尾数号码或 2 路尾数号码开出个数差值在 4 以下属于正常形态，在 4 及以上可能回补。1 路尾数号码与 2 路尾数号码开出个数差值在 3 以下属于正常形态，在 3 及以上则有回补可能。差值小于这个范围时，一般回补率不高。

二、蓝球号码 012 路统计

1 路：01 04 07 10 13 16。

2 路：02 05 08 11 14。

0 路：03 06 09 12 15。

统计结果分析：1 路号码个数比 0 路和 2 路号码个数多一个，在出号概率上 1 路号码要略高一些。结合统计表（见表 2-2），0 路号码开出 5 个，1 路号码开出 1 个，2 路号码开出 4 个，0 路号码明显偏多，已达到统计期数的半数，1 路号码明显偏少，仅开出 1 个。1 路号码开出个数与 0 路号码开出个数差值为 4，预测近期 1 路号码有回补趋势；2 路号码开出 4 个，1 路号码开出个数与 2 路号码开出个数差值为 3，预测近期 1 路号码有回补趋势。两个对应参数均预测1路号码回补，那么1路号码回补概率非常高。

表2-2　蓝球号码012路统计

期号	蓝球	路数
23051	14	2路
23052	06	0路
23053	15	0路
23054	12	0路
23055	13	1路
23056	08	2路
23057	03	0路
23058	11	2路
23059	06	0路
23060	11	2路

　　一般情况下，统计十期，1路号码开出个数与0路号码或2路号码开出个数差值在4以下属于正常形态，在4及以上可能回补。0路号码与2路号码开出个数差值在3以下属于正常形态，在3及以上则有回补可能。差值小于这个范围一般回补率不高。

三、蓝球尾数大中小统计

　　小尾数号码：012。

　　中尾数号码：3456。

　　大尾数号码：789。

　　统计结果分析：一般情况下，尾数大中小当中中尾号码开出个数要高于小尾号码和大尾号码。结合统计（见表2-3），小尾数号码开出3个，中尾数号码开出6个，大尾数号码开出1个，中尾数号码明显偏多，已达到统计期数半数以上，大尾数号码明显偏少，仅开出1个，小尾数号码开出个数较为均衡。中尾数号码开出个数与大尾数号码开出个数差值为5，预测近期大尾数号码有回补趋势。

表 2-3　蓝球尾数大中小统计

期号	蓝球	大 / 中 / 小
23051	4	中
23052	6	中
23053	5	中
23054	2	小
23055	3	中
23056	8	大
23057	3	中
23058	1	小
23059	6	中
23060	1	小

一般情况下，统计十期，中尾数号码开出个数与大尾数号码或小尾数号码开出个数差值在 4 以下属于正常形态，在 4 及以上就可能回补。大尾数号码与小尾数号码开出个数差值在 3 以下属于正常形态，在 3 及以上则有回补可能。差值小于这个范围时，一般回补率不高。

▍四、蓝球号码奇偶统计

奇数：01 03 05 07 09 11 13 15。

偶数：02 04 06 08 10 12 14 16。

统计结果分析：蓝球号码奇偶数均等，都是八码。结合统计（见表 2-4），奇数号码开出 5 个，偶数号码开出 5 个，十期内奇偶数分布均衡。

表 2-4　蓝球号码奇偶统计

期号	蓝球	奇数 / 偶数
23051	14	偶数
23052	06	偶数

期号	蓝球	奇数 / 偶数
23053	15	奇数
23054	12	偶数
23055	13	奇数
23056	08	偶数
23057	03	奇数
23058	11	奇数
23059	06	偶数
23060	11	奇数

一般情况下奇偶数开出个数差值在 3 以下属于正常形态，在 3 及以上则有回补可能。差值小于这个范围时，一般回补率不高。

五、蓝球号码质合统计

质数包括：01 02 03 05 07 11 13。

合数包括：04 06 08 09 10 12 14 15 16。

统计结果分析：一般情况下，合数出号概率要高于质数。结合统计（见表 2-5），质数号码开出 4 个，合数号码开出 6 个，质合号码分布较为均衡。

表 2-5　蓝球号码质合统计

期号	蓝球	质数 / 合数
23051	14	合数
23052	06	合数
23053	15	合数
23054	12	合数
23055	13	质数
23056	08	合数
23057	03	质数
23058	11	质数

续表

期号	蓝球	质数 / 合数
23059	06	合数
23060	11	质数

一般情况下（统计十期），质数号码开出个数与合数号码开出个数差值在4以下属于正常形态，在4及以上可能回补。差值小于这个范围一般回补率不高。质数连续开出3~4个时，下期合数开出概率非常高。

六、蓝球区间出号统计

一区：01 02 03 04。

二区：05 06 07 08。

三区：09 10 11 12。

四区：13 14 15 16。

统计结果分析：

十期内，一区开出1个，二区开出3个，三区开出3个，四区开出3个，一区号码开出个数明显偏少，十期仅开出1个。

一般情况下，区间开出号码个数差值在3以下属于正常形态，在3及以上则有回补可能。差值小于这个范围一般回补率不高。表2-6属于另一种形态，三个区间出号个数相同，另外一个区间出号个数最少，这种情况下一般会回补出号最少的区间。

表2-6 蓝球区间出号统计

期号	蓝号	一区	二区	三区	四区
23051	14				14
23052	06		06		
23053	15				15

续表

期号	蓝号	一区	二区	三区	四区
23054	12			12	
23055	13				13
23056	08		08		
23057	03	03			
23058	11			11	
23059	06		06		
23060	11			11	

第二节　蓝球区间划分

一、4分区

4分区是指将16个蓝球号码平均分为四个区间，每个区间四个号码。

一区：01 02 03 04。

二区：05 06 07 08。

三区：09 10 11 12。

四区：13 14 15 16。

二、4分区应用

区间冷热分析主要分析区间形态和走势变化。

如图2-1所示，一四区间为冷号区，十五期各开出二期号码；二三区间为热号区，二区间十五期开出六期号码，三区间十五期开出五期号码。

一般情况下，热号区间间断出号，冷号区间出现不稳定式回补时，大概率会走渐热变化，由冷转温再转热。

号码渐热变化：号码的渐热变化是指某个冷号区间间断性地开出号码，缓慢回补出号，渐渐走热的过程。

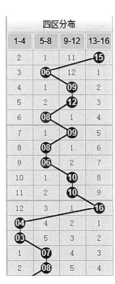

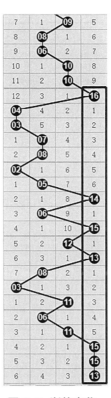

图2-1　四区分布　　　　图2-2　渐热变化

如图2-2所示，四区间断性开出16-14-15-13，渐渐走热连续开出15-15-13，可以认定四区间已经形成热区态势。一区间也在缓慢回补，号码可能会出现热态势。

三、号码渐冷变化

号码渐冷变化指与号码渐热相反，某个热号区间形成零星出号，渐渐走冷的过程。

如图 2-3 所示，三区号码零星开出 12-11-11，渐渐走冷，可以认定三区已经形成走冷形态。

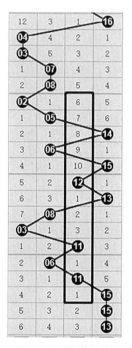

图 2-3　渐冷变化

第三节　蓝球 012 路划分

012 路划分依据是蓝球号码除以 3，看余数区分路数。

012 路分为号码 012 路和尾数 012 路，比如说号码 15，15÷3=5 余 0，属于 0 路号码，其尾数是 5，5÷3=1 余 2，属于 2 路号码。

在选号过程中，利用分析号码 012 路和尾数 012 路可以精简选号，简单方便，命中率高。

一、蓝球号码 012 路划分

1 路：01 04 07 10 13 16。

2 路：02 05 08 11 14。

0 路：03 06 09 12 15。

蓝球号码 012 路如图 2-4 所示。

蓝球分布																奇偶		大小		质合		012路		
01	02	03	04	05	06	07	08	09	10	11	12	13	14	15	16	奇	偶	大	小	质	合	0路	1路	2路
2	33	8	13	1	4	55	5	11	37	39	17	16	6	15	29	奇	4	大	1	1	合	0路	2	1
3	34	9	14	2	06	56	6	12	38	40	18	17	7	1	30	1	偶	1	小	2	合	0路	3	2
4	35	10	15	3	1	57	7	09	39	41	19	18	8	2	31	奇	1	大	1	3	合	0路	4	3
5	36	11	16	4	2	58	8	1	40	42	12	19	9	3	32	1	偶	大	2	4	合	0路	5	4
6	37	12	17	5	3	59	08	2	41	43	1	20	10	4	33	2	偶	1	小	5	合	1	6	2路
7	38	13	18	6	4	60	1	09	42	44	2	21	11	5	34	奇	1	大	1	6	合	0路	7	1
8	39	14	19	7	5	61	08	1	43	45	3	22	12	6	35	1	偶	1	小	7	合	1	8	2路
9	40	15	20	8	06	62	1	2	44	46	4	23	13	7	36	2	偶	2	小	8	合	0路	9	1
10	41	16	21	9	1	63	2	3	10	47	5	24	14	8	37	3	偶	大	1	9	合	1	1路	2
11	42	17	22	10	2	64	3	4	10	48	6	25	15	9	38	4	偶	大	2	10	合	2	1路	3
12	43	18	23	11	3	65	4	5	1	49	7	26	16	10	16	5	偶	大	3	11	合	3	1路	4
13	44	19	04	12	4	66	5	6	2	50	8	27	17	11	1	6	偶	1	小	12	合	4	1路	5
14	45	03	1	13	5	67	6	7	3	51	9	28	18	12	2	奇	1	2	小	质	1	0路	1	6
15	46	1	2	14	6	07	7	8	4	52	10	29	19	13	3	奇	2	3	小	质	2	1	1路	7
16	47	2	3	15	7	1	08	9	5	53	11	30	20	14	4	1	偶	4	小	1	合	2	1	2路

图 2-4　蓝球号码 012 路

根据 012 路号码统计，可以分析近期热态路数。一般情况下每个位置不会出现连续五期相同的路数号码，一般出现 2~3 期相同路数号码，下期就可能出现其他路数号码。

二、蓝球尾数 012 路划分

1 路：147——01 04 07 11 14。

2 路：258——02 05 08 12 15。

0 路：0369——03 06 09 10 13 16。

尾数 012 路推动力：

推动力指近期开出号码个数的增减规律。分为短期、中期和长期，一般 5~10 期为短期，20~50 期为中期，50 期以上为长期。短期分析近期的表现形态，中期分析现阶段走势形态，长期是总体规律的分析。

在分析推动力判断出号结构时，以中短期为主要分析依据。

总共统计十二期，理论值是 4：4：4，与实际开出个数 6：2：4 基本均衡，如表 2-7 所示。

表 2-7　23037~23048 期（短期）统计

路数	0 路	1 路	2 路
出号个数	6	2	4

三、蓝球号码与尾数 012 路重叠观察

1. 号码 012 路

1 路：01 04 07 10 13 16。

2 路：02 05 08 11 14。

0 路：03 06 09 12 15。

2. 尾数 012 路

1 路：147——01 04 07 11 14。

2 路：258——02 05 08 12 15。

0 路：0369——03 06 09 10 13 16。

3. 叠加综合

1 路尾数：

属于 1 路号码 1 路尾数的：01 04 07。

属于 2 路号码 1 路尾数的：11 14。

属于 0 路号码 1 路尾数的：无。

2 路尾数：

属于 1 路号码 2 路尾数的：无。

属于 2 路号码 2 路尾数的：02 05 08。

属于 0 路号码 2 路尾数的：12 15。

0 路尾数：

属于 1 路号码 0 路尾数的：10 13 16。

属于 2 路号码 0 路尾数的：无。

属于 0 路号码 0 路尾数的：03 06 09。

根据上述分类，将号码路数和尾数路数分析出来，那么号码仅剩最多三个、最少两个。例如，选定 1 路号码 1 路尾数，那么对应的号码是 01、04、07，只有三个号码。

第二部分

技 法 篇

第三章　走势图分析红球

第一节　延推法

■ 一、延推法概念

延推法是一个延续推进的推演方法，循序渐进找出某项技术指标的内在规律。以五期或十期为一个阶段向上行线推进，每向前推进一期就形成了另一个阶段，找到推演规律后，再向下行线延推，寻找最新的阶段，达到预测的目的。

比如说：有 01、02、03、04、05、06、07、08、09、10 十期开奖号码，那么就要从最近的一期开奖号码开始向前延推，10、09、08、07、06 作为第一个阶段；09、08、07、06、05 作为第二个阶段；08、07、06、05、04 作为第三个阶段；07、06、05、04、03 作为第四个阶段；06、05、04、03、02 作为第五个阶段；05、04、03、02、01 作为第六个阶段，这样就形成了一个延推排序，观察某项技术指标的表现形态，能预测下期走势情况。找到规律后再反向延推找新的五期阶段。也就是 07、08、09、10、※，星号代表最新开奖的一期号码。

如图 3-1 所示，以大中小判断为例：在图 3-1 中可以看到中号连续开出八期，第一个阶段开出五期中号，再向前延续一期形成新一阶段后还是开出五期中号，继续向前延推可以发现，连续四个阶段全部开出五期中号，再向前延推发现开出中号在逐一递减，分别是四个中号、三个中号、两个中号。按照正序排列形成了 2、3、4、5、5、5、5 的形态，由于正序 2、3、4、5 锁定了递增形态，又有四个阶段全部开出五期中号，形成重复形态，大概率会停止连续开出中号的情况。所以，连续开出中号可能会中断。那么就得到预测最新一个阶段不出五个中号，可以得到"前四期 + 最新一期 ≠ 5"，得到一个简单的方程式"4+X ≠ 5"，那么"X ≠ 1"，由此推断最新一期开奖号码尾数不会再出中号，大概率选择大号或小号。

26	1	2	10	38	2	9	11	15	4	1	偶	2	小	质	4	4	1	2路	4	2	小
27	2	2	11	39	3	10	12	16	5	2	偶	3	小	质	5	5	2	2路	5	3	小
28	3	1	12	40	1	11	13	17	6	1	奇	1	大	质	6	6	3	2路	6	1	中
29	4	2	13	41	5	12	14	18	5	2	奇	2	大	2	质	7	7	4	2路	7	2	中
30	5	3	3	42	1	13	15	19	8	3	奇	3	1	小	质	8	0路	5	1	8	中
31	6	4	4	2	14	16	20	1	偶	2	小	1	合	1	1路	2	1	中
32	7	5	2	17	21	10	2	偶	大	2	合	0路	1	3	10	中	5
33	8	6	3	2	4	1	18	22	11	奇	1	1	小	质	1	0路	2	4	11	中	6
34	9	7	1	3	6	19	23	12	1	偶	大	1	合	0路	3	5	12	中	7
35	10	8	6	20	24	13	2	偶	大	2	合	0路	4	5	13	中	8

图 3-1　延推法

延推法四大规律：

（1）递增规律：一个阶段比一个阶段增加一的规律，一般情况下递增一次到两次。

（2）递减规律：一个阶段比一个阶段减少一的规律，一般情况下递减一次到两次。

（3）重复规律：阶段重复的规律，一般情况下会重复三次左右。

（4）跳跃式规律：第一阶段与第二阶段出现跃级的情况。比如说：第一阶段出 1 第二阶段出 3。一般情况下跳跃一次到两次。

二、延推法分析原理

每一项技术指标都有阶段性的运行规律或轨迹，每个阶段会出现不同的走势形态，阶段与阶段间存在某种联系，这种联系是我们要找寻的规律。延推法即是确定某一个阶段前后存在的规律，分析周期变化和走势形态，做到有价值的衔接。

如图 3-2 所示，一区第一个阶段（前五期）开出 2+1+3+1+2=9，向前延伸一期形成第二个阶段，开出 1+3+1+2+4=11，两个阶段的差值为 11-9=2，可以分析出第二阶段与第一阶段间存在递减规律。

0:1:5	
4:2:0	
2:2:2	
4:1:1	
2	1:3
1	3:2
3	1:2
1	2:3
2	2:2

图 3-2　三分区——一区规律

三、延推法验证方法

在选号过程中，每一步都需要验证，走势图分析也不例外。通过延推法分析走势图时，有两种可以验证准确性的方法。

验证方法一：以五期延推为基础，以十期延推为验证的方法，验证期数越多，准确率越高。延推结果一致基本可以判断预测条件的准确率。

验证方法二：以第一个五期延推（前五期）作为根本，再向前寻找第二个五期阶段作为验证，验证期数越多，准确率越高。延推结果一致基本可以判断预测条件的准确率。

如果该条件是012路中的0路号码或大中小当中的中号，则可以通过多期验证分析，若延推结果一致，基本可以预测条件的准确率。

验证越深入准确率越高，所以再分析时，所有条件也同样可以使用验证分析方法预测条件。

四、延推法分析举例

（一）延推法分析三区比

双色球三区出号个数比包含：（28种类型）

0：0：6，0：1：5，0：2：4，0：3：3，0：4：2，0：5：1，0：6：0。

1：0：5，1：1：4，1：2：3，1：3：2，1：4：1，1：5：0。

2：0：4，2：1：3，2：2：2，2：3：1，2：4：0。

3：0：3，3：1：2，3：2：1，3：3：0。

4：0：2，4：1：1，4：2：0。

5：0：1，5：1：0。

6：0：0。

利用延推法结合验证方法，参照实际出号逻辑，即可分析出三区出号个数的比值范围。

1. 举例分析

2. **方法一：五期和值延推法**

如图 3-3 方格内所示，一区五期分别开出个数为 2、3、2、3、1，如能利用延推法推出下期预出号码个数，那么就以五期出号个数的和值与前一个阶段的和值相比较，找寻其中的规律。2+3+2+3+1=11，本阶段和值为 11；向前推进一期是 1、2、3、2、3，1+2+3+2+3=11，前一个阶段和值也是 11，那么可以做出一个判断，下期开出和值 11 的概率比较小。

2:2:2
3:1:2
3:1:2
1:3:2
1:1:4
2:1:3
3:3:0
2:1:3
3:1:2
1:1:4
1:2:3
2:1:3
4:2:0
4:1:1
0:4:2

图 3-3　三区比示意图

然后反向向下延推，3、2、3、1、*，可得方程式 $3+2+3+1+X \neq 11$，那么 $X \neq 2$，也就是说，一区不出二码。按照常规出号比例一区开出一码或三码概率最高。

3. **方法二：转换 012 路延推法**

将一区出号个数以 012 路排列，并制作相应走势。

如图 3-4 所示，为前十期的 012 路简易走势形态。可以利用延推法分析路数，确定一区出号个数。

0路	1路	2路
		2
3		
3		
	1	
	1	
		2
3		
		2
3		
	1	

图 3-4　三分区——一区 012 路走势

2 路，向上数五期开出两个 2 路，再向上延伸一期，开出两个 2 路，再向上延伸一期，开出两个 2 路。预测下一个阶段不出两个 2 路，那么最新一个阶段是前四期加最新一期，前四期当中包含一个 2 路，可得方程 $1+X \neq 2$，那么 $X \neq 1$，说明下期不出 2 路（在实战中可以向前数十期进行延推，验证五期是否准确）。

由此可得一区出号个数为 0134 个，开出 0 个、4 个的概率并不高，所以重点在 1 个或 3 个。

利用以上两种方法的任意一种，将二三区分析出对应结果，可以综合分析出对应的三区比。

二区分析得到 2 或 3，三区分析得到 1 或 3，三个区间分别是一区 1 或 3；二区 2 或 3；三区 1 或 3，做一个简单的计算就可以得到三区比值范围。

$1+2+1=4$，$1+2+3=6$，$1+3+1=5$，$1+3+3=7$。

$3+2+1=6$，$3+2+3=8$，$3+3+1=7$，$3+3+3=9$。

符合要求的只有"1+2+3"和"3+2+1"，那么预测三区比就是 1：2：3 或 3：2：1。

（二）延推法分析 012 路

在使用延推法分析双色球号码时，利用定位分析法是最可靠的。定位分析尾数 012 路、号码 012 路和尾数大中小三项，均做三选二的选择模式，这样，在基础概率上占据优势，结合延推法的分析更具实战意义。

1. 尾数 012 路

0 路尾：0369。

包含号码：03 06 09 10 13 16 19 20 23 26 29 30 33。

1 路尾：147。

包含号码：01 04 07 11 14 17 21 24 27 31

2 路尾：258。

包含号码：02 05 08 12 15 18 22 25 28 32。

2. 号码 012 路

0 路：03 06 09 12 15 18 21 24 27 30 33。

1 路：01 04 07 10 13 16 19 22 25 28 31。

2 路：02 05 08 11 14 17 20 23 26 29 32。

3. 尾数大中小

大数尾：789。

包含号码：07 08 09 17 18 19 27 28 29。

中数尾：3456。

包含号码：03 04 05 06 13 14 15 16 23 24 25 26 33

小数尾：012。

包含号码：01 02 10 11 12 20 21 22 30 31 32。

举例分析：预测 23056 期第六位尾数（见图 3-5）。

期号	号码																						
23046	06, 08, 17, 25, 26, 28	03	8	4	6	18	8	5	23	2	12	⑧	36	6	偶	大	4	6	合	2	5	2路	大 2 4
23047	05, 07, 14, 23, 31, 33	07	3	5	7	19	③	6	24	3	13	1	37		奇	1	1	小	质 1	0路	6	1	1 中 5
23048	02, 03, 10, 24, 28, 30	08	0	⓪		20	7	7	25	4	14	2	38		偶	2	小	1	合	0路	7	2	1 小
23049	05, 07, 09, 14, 23, 25, 27	02	7	1	9	21	2	8	⑦	3	39		奇	1	大	1	质	1	1路	3	大 2 1
23050	02, 07, 09, 14, 22, 23	05	3	2	10	22	③	9	27	6	1	4	40		奇	2	1	小	质	0路	1	4	1 中 2
23051	22, 26, 29, 30, 32, 33	14	3	3	11	24	③	10	28	7	2	5	41		奇	3	小	质	0路	2	5	2 中 3
23052	03, 04, 05, 08, 12, 17	06	7	4	12	24	1	11	29	⑦	6	42		奇	大	1	质	1路	6	大 1 4
23053	01, 07, 14, 20, 27, 30	15	0	⓪	5	2	12	30	9	1	7	43		偶	1	小	1	合	0路	1	7	1 2 小
23054	05, 06, 09, 10, 15, 26	12	6	1	14	26	3	13	⑥	2	8	44		偶	大	1	合	0路	2	8	2 中 1
23055	03, 04, 20, 23, 27, 32	13	2	2	15	②	4	14	32	1	3	9	45		偶	1	小	质	1	2路	3	1 小

图 3-5　六位尾数

如图 3-5 所示，首先来看 012 路。0 路前五期（第一个五期阶段）开出三个，再向前延伸一期（第二个五期阶段）开出 4 个，形成递减规律。预测最新一个阶段不出递减规律也就是不出两个，前四期开出两个，形成一个简易方程式 2+X ≠ 2，那么 X ≠ 0。也就是说，下期不出零个 0 路号码，那么 0 路号码有可能开出来。再看 1 路，1 路前五期（第一个五期阶段）开出一个，再向前延伸一期（第二个五期阶段）开出一个，形成一个一个的重复规律。预测最新一个阶段不出重复规律也就是不出一个，前四期开出一个，形成方程式 1+X ≠ 1，那么 X ≠ 0。也就是说，下期不出零个 1 路号码，那么 1 路号码有可能开出来。最后来分析 2 路，2 路前五期（第一个五期阶段）开出一个，再向前延伸一期（第二个五期阶段）开出零个，形成零个一个递增规律。预测最新一个阶段不出递增规律，也就是不出两个，前四期开出一个，形成方程式 1+X ≠ 2，那么 X ≠ 1，也就是说下期不出一个 2 路号码，那么 2 路号码可能不会开出来。最终判断 23056 期第六位尾数应该是 0 路或 1 路号码。

接着分析大中小。大数前五期（第一个五期阶段）开出一个，再向前延伸一期（第二个五期阶段）开出一个，形成一个一个的重复规律。预测最新一个阶段不出重复规律也就是不出一个，前四期开出一个，形成方程式 1+X ≠ 1，那么 X ≠ 0。也就是说，下期不出零个大数，那么大数有可能开出来。接着分析中数。中数前五期（第一个五期阶段）开出两个，再向前延伸一期（第二个五期阶段）开出三个，形成三个递减规律。预测最新一个阶段不出递减规律也就是不出一个，前四期开出一个，形成方程式 $1+X \neq 1$，$X \neq 0$。也就是说，下期不出零个中数，那么中数有可能开出来。最后来分析小数。小数五期（第一个五期阶段）开出两个，再向前延伸一期（第二个五期阶段）开出一个，形成一个递增规律。预测最新一个阶段不出递增规律也就是不出三个，前四期开出两个，形成方程式 $2+X \neq 3$，$X \neq 1$。也就是说，下期不出一个小数，那么小数可能不会开出来。最终判断 23056 期第六位尾数应该是大数或中数号码。

结合以上预测 23056 期第六位尾数应该是 0 路或 1 路；大数或中数，均为三选二模式。

结合在一起为：

大数、中数：3456789。

0 路、1 路：0134679。

结合：34679（五码）。

23056 期第六位开出 3 尾号码 33，预测正确。

五、总结

本方法简单易学，易于操作，以五期或十期为一个阶段，查看阶段内开出几个号码，而后向前延伸一期，向后排除一期，形成新的一个阶段。两个阶段相比较、分析规律即可得出下期走势规律。如果对当期预测有疑虑，或是追求更加精准的预测，可以通过验证方法验证分析，在验证后要将验证无效的指标和条件排除，提升准确率。

第二节　位移法与居中法

一、位移法

（一）位移法概念

位移分析法（其一）指号码循环偏移产生的偏移间距，以这个间距范围确定号码的方法。例如：30、31、32、33 向 01 方向移动，01、02 继续向 03 方向移动，说明大号区将号码推到了小号区，龙头的出号落点大概率就在这个范围。这个分析方法中包含着一个规律，叫作"圆环理论"，圆环理论是指 33 个号码形成一个圆形，起点 01 连接着终点 33，如图 3-6 所示。

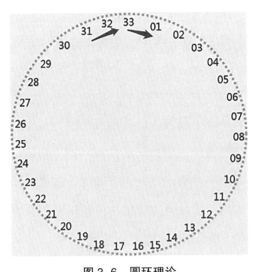

图 3-6　圆环理论

龙头凤尾位移分析：观察位置偏移的方向，找准对应点，检查上行线是否向下偏移，如果出现下行线向上偏移，属于逆向偏移，不符合常规，不可以使用。在反向偏移时发现 01 处于下行线，33 处于上行线。

如图 3-7 所示呈双向向内的走势，这样是无法分析的，同样，出现双向向外（见图 3-8）也是无法分析的。

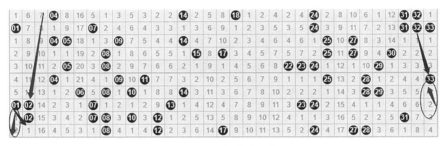

图 3-7 走势（一）

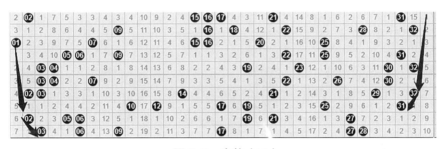

图 3-8 走势（二）

如图 3-9 所示，03、02、01 向外延伸，也就是说 03、02、01 向 33 方向延伸，33、32 向内延伸，29、30、31、32 对应向外延伸，这样可以分析凤尾的出号位置应该在 29~33 中，如图 3-10 所示。

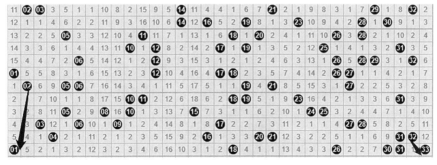

图 3-9 走势（三）

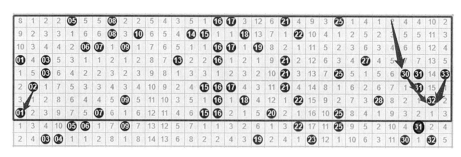

图 3-10　走势（四）

如果出现无法分析的情况，可以在一区与二区之间分析龙头；在二区与三区之间分析凤尾。

位移分析法（其二）指以走势方向反向位移的走势特征，可以在反向位移方向取五码作为出号点位。如果出现对应的位移现象，那么中间五码开出概率更高，如图 3-11 所示。

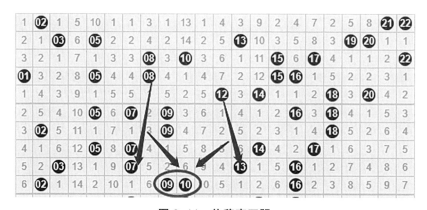

图 3-11　位移定五胆

（二）位移法原理

号码走势运行轨迹是号码逐一推动形成落点范围，某些号码向一个方向推动时，这个方向的起始点可以认定为落号点。前期形成轨迹落号点稳定以后会出现反方向位移，也就形成了号码的反向落号点。

如图 3-12 所示，号码由推动点和反向位移构成。如 08-06-05 是推动点，反向位移开出 08。

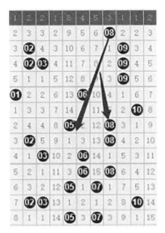

图 3-12　号码推动与反位移

（三）位移法分析方法举例

1. 位移法分析龙头凤尾

利用走势图分析龙头或凤尾时，一般偏移 3~5 次后命中率高。

举例分析，23056 期凤尾（见图 3-13）。

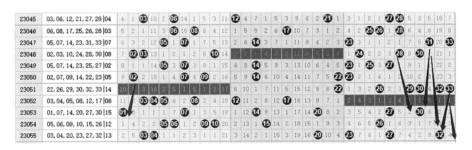

图 3-13　凤尾分析

如图 3-13 所示，02、01 属于第一次偏移；33、32 属于第二次偏移；31、30 属于第三次偏移，而后进行反向偏移，检查上行线与下行线。28、29、30 属于第一次偏移；31、32 属于第二次偏移，33、01 属于第三次偏移。由于 33 属于上行线，01 属于下行线，所以符合预测要求，02、01 将号码推动到了 33、32 位置，28、29、30 属于拦截点，所以凤尾范围应该在 28、29、30、31、32、33 当中。

23056 期凤尾开出 33，预测正确。

2.位移法分析推动胆组与反方向位移胆组

举例分析，23056 期胆组分析（见图 3-14）。

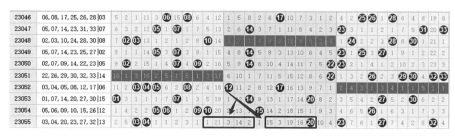

图 3-14　推动胆组与反方向位移胆组

如图 3-14 所示，12、14、15 指向性的推动到了 16、17、18、19、20 五个号码上，这五个号码可以作为胆码组进行精选分析；12、14、15 反方向位移五个号码得到 10、11、12、13、14，这五个号码可以作为胆码组进行精选分析。

23056 期开出推动胆组 18 和反方向位移胆组 14，预测正确。

二、居中法

（一）居中法概念

居中分析法指两列号码对应向内走势，向中心汇聚，从起点向对应方向排列出号码，可以做下期预测胆码。如图 3-15 所示，05、06 与 08、09 对应向内走势，中心点上五码 05、06、07、08、09 开出 05、06、09 三个号码。

这样的例子不胜枚举，一般在热号区域，使用居中分析法得到的胆组准确率更高。

（二）居中法原理

号码在推动的作用下，汇聚在框架内会形成 3~8 个号码组成的平行边，在这个框架结构下通常会出现落号点，尤其在热号区域（见图 3-15）。

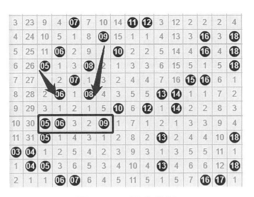

图 3-15　居中分析

（三）居中法分析方法举例

举例分析，23056 期居中胆组分析（见图 3-16）。

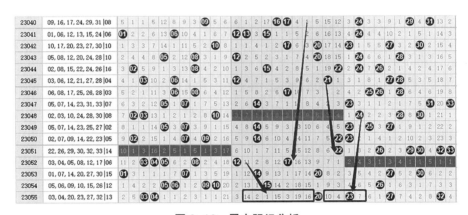

图 3-16　居中胆组分析

如图 3-16 所示，二区近五期分别开出号码个数为"1-2-2-1-1"个，属于渐热区间，所以有必要在二区和二三区之间做居中分析。由 13、14、15—19、18、17 组合的居中结构可以判断 13、14、15、16、17、18、19 七个号码作为预测胆码组；由 21、22—24、23 组合的居中结构可以判断 21、22、23、24 四码作为预测胆码组。

第三节　分解法

一、分解法概念

分解法指将三分区每个区间的号码找中心号码分开，可以得出小号、中心号和大号，如此可以细化分析出号位置的大小情况，三个中心号码在每个区间当中像天平的中心支点一样，具有调节平衡的作用，而且三个号码极少同时开出，也可以作为杀号的一个参考指标。

三区分解：

一区——小号：01~05，中心号：06，大号：07~11。

二区——小号：12~16，中心号：17，大号：18~22。

三区——小号：23~27，中心号：28，大号：29~33。

二、分解法原理

（一）基础分解原理与分解概述

双色球三分区，每个区间都是十一个号码，可以将号码分解成 5：1：5 的形式，五个小号，一个中心号和五个大号，将中心号看作一个天平，它可以相对地调节号码。本期某个区间开出中心号，下期该区间极大可能会转变原来的出号个数。

如图 3-17 所示，中心码的开出，预示着下期可能会转变大小号的出现形态。例如，23053 期一区开出大号 07；23054 期开出中心号 06；23055 期未出大号，开出两个小号 03、04。

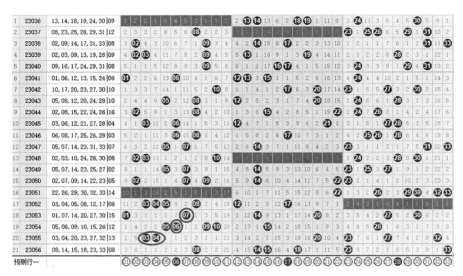

预测行一

图 3-17　三区分解

1. 一区中路分解

一分区是 01~11 十一个号码，可以将 01~05 定为小号，06 为中心号，07~11 为大号，如图 3-18 所示。

2. 二区中路分解

二分区是 12~22 十一个号码，可以将 12~16 定为小号，17 为中心号，18~22 为大号，如图 3-19 所示。

图 3-18　分解（一）

图 3-19　分解（二）

二区属于中心区域，这里的中心号也是 01~33 整体号码的中心号，01~16 为小号，17 为中心号，18~33 为大号，如图 3-20 所示。

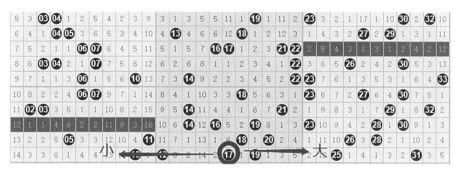

图 3-20　分解（三）

3. 三区中路分解

三分区是 23~33 十一个号码，可以将 23~27 定为小号，28 为中心号，29~33 为大号，如图 3-21 所示。

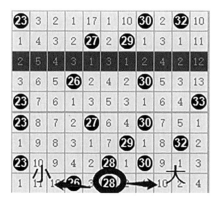

图 3-21　分解（四）

（二）中心号和值——奖号出号依据与对应

1. 整体出号依据

举一个例子，在一张纸条上等距写出 01~33 三十三个号码，然后将纸条对折，其中，号码 17 作为中心点只与中心号码 17 本身对称，中心号和值 17+17=34，其他号码两两对称和值均为 34，由此可以得出中心和值 34 在选号时可以作为分析的依据。

如图 3-22 所示，号码随着期数不断增加而产生中心和反应，热号带动热号出号频繁，冷号则需要对称号码多期回补。这属于一个调平的规律，一个冷号带动另一个冷号开出说明，带动号在若干期之前属于热号，而被带动号属于温号，可能近期要热出。

注意：如果一个大冷号对应号码开出，说明这个大冷号的对应码在若干期前没有对应出完，这类情况一般很少出现。

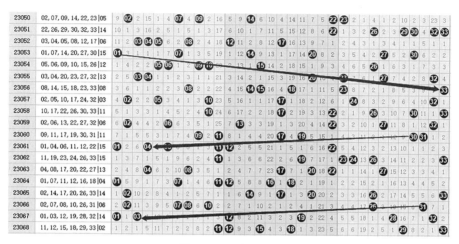

图 3-22　对称出号

对称号码对应如表 3-1 所示。

表 3-1　对称号码对应（一）

01	33	10	24
02	32	11	23
03	31	12	22
04	30	13	21
05	29	14	20
06	28	15	19
07	27	16	18
08	26	17	17
09	25		

与整体出号依据概念相同，双色球三个区间中分别存在着中心号码和值，也可以作为区间出号依据，细化分析号码结构。

2. 一区出号依据

一区中心号码 06，中心号和值为 06+06=12。由此可以得出中心号和值 12 在一区选号时可以作为分析依据。

对称号码对应如表 3-2 所示。

表 3-2　对称号码对应（二）

01	11
02	10
03	09
04	08
05	07
06	06

一区对称出号实例如图 3-23 所示。

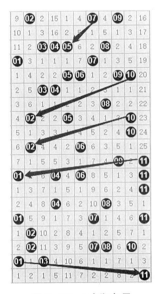

图 3-23　对称出号

3. 二区出号依据

二区中心号码 17，中心号和值为 17+17=34。由此可以得出中心号和值 34 在二区选号时可以作为分析的依据。

对称号码对应如表 3-3 所示。

表 3-3　对称号码（三）

12	22
13	21
14	20
15	19
16	18
17	17

二区对称出号实例如图 3-24 所示。

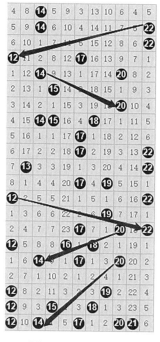

图 3-24　对称出号

4. 三区出号依据

三区中心号码 28，中心号和值为 28+28=56。由此可以得出中心号和值 56 在三区选号时可以作为分析依据。

对称号码对应如表 3-4 所示。

表 3-4　对称号码（四）

23	33
24	32
25	31
26	30
27	29
28	28

三区对称出号实例如图 3-25 所示。

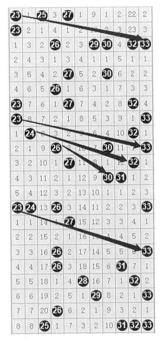

图 3-25　对称出号

5. 使用总结

（1）一般情况下，彩票出号会遵循对称原则，不对称一般不会开出。

（2）一般情况下，对称号码互为热号时，会交替开出。

（3）一般情况下，一个冷号开出前，它的对称号码会热出。

三、分解法实战应用

（一）中心号码调节冷热区域

三个区间中，细化分解每个区间的大小号码，可以有针对性地选择该区间的大号或小号，大小号的冷热总会相互交替，不会总冷出或总热出。中心号可以看作大号与小号的天平，它的开出一般预示着大小号要出现变动，可以通过中心号调整大小号。

如图 3-26 所示，23018 期开出 10 为大号，23019 期开出中心号 06，23020 期大号未出号码，小号开出 01，23021 期大号未出，小号出 02、05，中心号 06 再次开出，23022 期大号开出 10、11，小号未出。由此可以预判小号与大号的开出情况，判断出号位置。

图 3-26　中心号码调节冷热号

（二）开出中心号码后需要关注的胆码

开出一区中心号码 06 以后需要关注胆码：01、03、05、11、14、25。

开出二区中心号码 17 以后需要关注胆码：03、05、12、14、22、25。

开出三区中心号码 28 以后需要关注胆码：03、05、14、23、25、33。

如图 3-27 所示，23048 期开出三区中心号码 28 以后，23049 期开出对应胆码 05、14、23、25 四个号码；23052 期开出二区中心号码 17 以后，23053 期开出对应胆码 14 一个号码；23054 期开出一区中心号码 06 以后，23055 期开出对应胆码 03 一个号码。

23048	02, 03, 10, 24 ㉘ 30	08
23049	05, 07, 14, 23, 25, 27	02
23050	02, 07, 09, 14, 22, 23	05
23051	22, 26, 29, 30, 32, 33	14
23052	03, 04, 05, 08, 12 ⑰ 06
23053	01, 07, 14, 20, 27, 30	15
23054	05 ⑥ 09, 10, 15, 26	12
23055	03, 04, 20, 23, 27, 32	13

图 3-27　中心号码对应胆码

（三）反向应用定独胆

反向应用指三区中的某区，小号区与大号区出现失衡状态，出号少的区域有回补态势时，作为调节大小平衡的中心码很可能开出来，这时中心码就可以定为独胆。这个方法恰好与已开出中心号码做调平相反，所以，被称为反向应用法。

一般情况下，统计 15~20 期大小区域号码开出个数比，其个数差值在 5 或以上时，出现调平的概率较高。

四、分解法分析方法举例

（一）中心号码调节大小号

23041~23056 期二区开出小号（12~16）14 个，开出大号（18~22）9 个，大小号开出个数差值为 5，23057 期开出中心号码 17 以后，自 23058 期开始大号出现回补，小号略显薄弱，如图 3-28 所示。

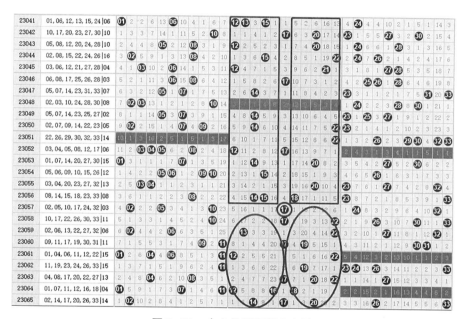

图 3-28　中心号码调节大小号

（二）中心号码定独胆

以 23057 期预测举例。

如图 3-29 所示，23041~23056 期开出小号（12~16）十四个号码，开出大号（18~22）九个号码，号码个数差值为 5，判断大号区域会逐渐走热，作为调节大小号平衡的中心号码 17 就可以定为独胆。

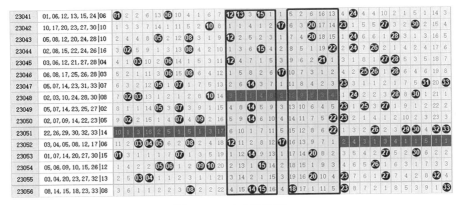

图 3-29　中心码定胆

23057 期开出中心号码 17，预测正确。

第四节　中线与中线和

一、中线与中线和概念

中线指双色球尾数 0~9 10 个号码当中最中间的两个号码，中线左侧为小号，中线右侧为大号，中线两个号码当中靠近小号的被称为小中，靠近大号的被称为大中。

分解为：小号：0123；

小中：4；

大中：5；

大号：6789。

中线和是指中线二码的和值，4+5=9 中线和为 9。一般出号均以中线和作为依据，一个号码的开出带动着另一个号码的欲出概率。中线和二码搭配为：0 与 9；1 与 8；2 与 7；3 与 6，4 与 5。

如图 3-30 所示，开出中线号码 5 之后，接着开出小号，随后开出大中或大号。

期号	红球	值
23041	01, 06, 12, 13, 15, 24 |06	1
23042	10, 17, 20, 23, 27, 30 |10	0
23043	05, 08, 12, 20, 24, 28 |10	5
23044	02, 08, 15, 22, 24, 26 |16	2
23045	03, 06, 12, 21, 27, 28 |04	3
23046	06, 08, 17, 25, 26, 28 |03	6
23047	05, 07, 14, 23, 31, 33 |07	5
23048	02, 03, 10, 24, 28, 30 |08	2
23049	05, 07, 14, 23, 25, 27 |02	5
23050	02, 07, 09, 14, 22, 23 |05	2
23051	22, 26, 29, 30, 32, 33 |14	2
23052	03, 04, 05, 08, 12, 17 |06	3
23053	01, 07, 14, 20, 27, 30 |15	1
23054	05, 06, 09, 10, 15, 26 |12	5
23055	03, 04, 20, 23, 27, 32 |13	3
23056	08, 14, 15, 18, 23, 33 |08	8
23057	02, 05, 10, 17, 24, 32 |03	2
23058	10, 17, 22, 26, 30, 33 |11	0
23059	02, 06, 13, 22, 27, 32 |06	2
23060	09, 11, 17, 19, 30, 31 |11	9
23061	01, 04, 06, 11, 12, 22 |15	1
23062	11, 19, 23, 24, 26, 33 |15	1
23063	04, 08, 17, 20, 22, 27 |13	4
23064	01, 07, 11, 12, 16, 18 |04	1
23065	02, 14, 17, 20, 26, 33 |14	2

图 3-30　中线与中线和

随着中线和其中一个号码 5 的频繁开出，大冷号 4 随即被带出。

二、分析原理

（一）中线分析原理

中线是十个号码的中心点，其他号码都是围绕着中线轨迹运行和开出的。

中线号码的开出预示着近期会改变出号结构，这是号码开出的一个评定指标。

中线翻转原理：开出中线号码后，开出热号区域一个号码，下期转为冷号区域出号。一般情况下，翻转后，下期的出号范围要将中线两个号码结合冷号区域号码进行预测。

反向应用定胆码。反向应用指中线两边的大号与小号出现失衡状态，出号少的区域有回补态势时，作为调节大小平衡的中线号码很可能开出来，这时中线可以定为胆码。这个方法恰好与已开出中线号码做调平相反，所以被称为反向应用法。

一般情况下，统计 15~20 期大小区域号码开出个数比，其个数差值在 5 或以上时，出现调平的概率较高。

（二）中线和——奖号出号依据与对应

举一个例子，在一张纸条上等距写出 0~9 十个号码，然后将纸条对折，就会出现如图 3-31 所示的情况。号码 4 与号码 5 重合；号码 3 与号码 6 重合；号码 2 与号码 7 重合；号码 1 与号码 8 重合；号码 0 与号码 9 重合，而且互相重合的两个号码和值均为 9。彩票开出号码也遵循对应原则，在选号时可作为分析的依据。

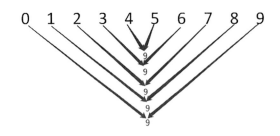

图 3-31　中线

如图 3-32 所示，号码随着期数不断增加而产生中线和反应，热号带动热号频繁，冷号则需要对应号码多期回补。这属于调平的规律，一个冷号带动另一个冷号开出，说明带动号在若干期之前属于热号，而被带动号属于温号，

可能近期要热出。

期号	红球｜蓝球	值
23036	13, 14, 18, 19, 24, 30 ｜09	4
23037	08, 23, 25, 26, 29, 31 ｜12	3
23038	02, 09, 14, 17, 31, 33 ｜08	9
23039	02, 03, 09, 13, 19, 28 ｜09	3
23040	09, 16, 17, 24, 29, 31 ｜08	6
23041	01, 06, 12, 13, 15, 24 ｜06	6
23042	10, 17, 20, 23, 27, 30 ｜10	7
23043	05, 08, 12, 20, 24, 28 ｜10	8
23044	02, 08, 15, 22, 24, 26 ｜16	8
23045	03, 06, 12, 21, 27, 28 ｜04	6
23046	06, 08, 17, 25, 26, 28 ｜03	8
23047	05, 07, 14, 23, 31, 33 ｜07	7
23048	02, 03, 10, 24, 28, 30 ｜08	3
23049	05, 07, 14, 23, 25, 27 ｜02	7
23050	02, 07, 09, 14, 22, 23 ｜05	7
23051	22, 26, 29, 30, 32, 33 ｜14	6
23052	03, 04, 05, 08, 12, 17 ｜06	4
23053	01, 07, 14, 20, 27, 30 ｜15	7
23054	05, 06, 09, 10, 15, 26 ｜12	6
23055	03, 04, 20, 23, 27, 32 ｜13	4
23056	08, 14, 15, 18, 23, 33 ｜08	4
23057	02, 05, 10, 17, 24, 32 ｜03	5
23058	10, 17, 22, 26, 30, 33 ｜11	7
23059	02, 06, 13, 22, 27, 32 ｜06	6
23060	09, 11, 17, 19, 30, 31 ｜11	1
23061	01, 04, 06, 11, 12, 22 ｜15	4
23062	11, 19, 23, 24, 26, 33 ｜15	9
23063	04, 08, 17, 20, 22, 27 ｜13	8
23064	01, 07, 11, 12, 16, 18 ｜04	7
23065	02, 14, 17, 20, 26, 33 ｜14	4

图 3-32　二号位尾数中线

注意：如果一个大冷号的中线对应号码开出则说明，这个大冷号的对应码在若干期之前没有对应出完，这类情况一般很少出现。

三、中线分析方法举例

（一）中线调节定位尾数

以 23056 期预测一位尾数举例，如图 3-33 所示。

23051	22, 26, 29, 30, 32, 33 |14	2	9	10	②	6	26	2	5	20	14	11
23052	03, 04, 05, 08, 12, 17 |06	3	10	11	1	③	27	3	6	21	15	10
23053	01, 07, 14, 20, 27, 30 |15	1	11	①	2	1	28	4	7	22	16	13
23054	05, 06, 09, 10, 15, 26 |12	5	12	1	3	2	⑤		8	23	17	14
23055	03, 04, 20, 23, 27, 32 |13	3	13	2	4	③	30		9	24	18	15

图 3-33 预测（一）

23064 期开出中线当中的大中号码 5，接着 23065 期落点为小号区域，开出号码 3，根据中线翻转原理预测 23065 期一位尾数应该在 4~9。

23065 期一位号码开出 08，预测正确。

（二）中线定胆

预测 23043 期一位尾数举例，如图 3-34 所示。

23024	03, 06, 09, 17, 27, 28 |03	3	2	4	3	❸	8	1	5	30	34	23
23025	04, 16, 20, 21, 31, 32 |14	4	3	5	4	1	❹	2	6	31	35	24
23026	01, 18, 26, 30, 31, 33 |03	1	4	❶	5	2	1	3	7	32	36	25
23027	08, 10, 22, 27, 32, 33 |08	8	5	1	6	3	2	4	8	33	❽	26
23028	05, 07, 10, 17, 20, 22 |14	5	6	2	7	4	3	❺	9	34	1	27
23029	03, 07, 12, 24, 28, 33 |08	3	7	3	8	❸	4	1	10	35	2	28
23030	02, 03, 07, 16, 30, 31 |06	2	8	4	❷	1	5	2	11	36	3	29
23031	07, 14, 27, 29, 31, 33 |05	7	9	5	1	2	6	3	12	❼	4	30
23032	06, 19, 20, 26, 28, 33 |01	6	10	6	2	3	7	4	❻	1	5	31
23033	08, 09, 13, 23, 24, 26 |05	8	11	7	3	4	8	5	1	2	❽	32
23034	02, 03, 09, 11, 12, 17 |15	2	12	8	❷	5	9	6	2	3	1	33
23035	01, 04, 09, 10, 20, 33 |06	1	13	❶	1	6	10	7	3	4	2	34
23036	13, 14, 18, 19, 24, 30 |09	3	14	1	2	❸	11	8	4	5	3	35
23037	08, 23, 25, 26, 29, 31 |12	8	15	2	3	2	12	9	5	6	❽	36
23038	02, 09, 14, 17, 31, 33 |08	2	16	❷	2	13	10	6	7	1	37	
23039	02, 03, 09, 13, 19, 28 |09	2	17	4	❷	3	14	11	8	2	38	
23040	09, 16, 17, 24, 29, 31 |08	9	18	5	1	4	15	12	8	9	3	❾
23041	01, 06, 12, 13, 15, 24 |06	1	19	❶	2	5	16	13	9	10	4	1
23042	10, 17, 20, 23, 27, 30 |10	0	⓿	1	3	6	17	14	10	11	5	2

图 3-34 预测（二）

23024~23042 期开出小号（0~3）11 个号码，开出大号（6~9）6 个号码，号码个数差值为 5，判断大号区域会逐渐走热，作为调节大小号平衡的中线号码 4、5 就可以定为胆码。

23043 期第一位号码开出 05，预测正确。

四、中线和分析方法举例

1. 中线和分析定位尾数

期号	号码											
23036	13, 14, 18, 19, 24, 30	09	4	9	14	16	2	④	15	11	7	10	3
23037	08, 23, 25, 26, 29, 31	12	3	10	15	17	③	1	16	12	8	11	4
23038	02, 09, 14, 17, 31, 33	08	9	11	16	18	1	2	17	13	9	12	⑨
23039	02, 03, 09, 13, 19, 28	09	3	12	17	19	③	3	18	14	10	13	1
23040	09, 16, 17, 24, 29, 31	08	6	13	18	20	1	4	19	⑥	11	14	2
23041	01, 06, 12, 13, 15, 24	06	6	14	19	21	2	5	20	⑥	12	15	3
23042	10, 17, 20, 23, 27, 30	10	7	15	20	22	3	6	21	1	⑦	16	4
23043	05, 08, 12, 20, 24, 28	10	8	16	21	23	4	7	22	2	1	⑧	5
23044	02, 08, 15, 22, 24, 26	16	8	17	22	24	5	8	23	3	2	⑧	6
23045	03, 06, 12, 21, 27, 28	04	6	18	23	25	6	9	24	⑥	3	1	7
23046	06, 08, 17, 25, 26, 28	03	8	19	24	26	7	10	25	1	4	⑧	8
23047	05, 07, 14, 23, 31, 33	07	7	20	25	27	8	11	26	2	⑦	1	9
23048	02, 03, 10, 24, 28, 30	08	3	21	26	28	③	12	27	3	1	2	10
23049	05, 07, 14, 23, 25, 27	02	7	22	27	30	2	13	28	4	⑦	3	11
23050	02, 07, 09, 14, 22, 23	05	7	23	28	30	2	14	29	5	⑦	4	12
23051	22, 26, 29, 30, 32, 33	14	6	24	29	31	3	15	30	⑥	1	5	13
23052	03, 04, 05, 08, 12, 17	06	4	25	30	32	4	④	31	1	2	6	14
23053	01, 07, 14, 20, 27, 30	15	7	26	31	33	5	1	32	2	⑦	7	15
23054	05, 06, 09, 10, 15, 26	12	6	27	32	34	6	2	33	⑥	3	8	16
23055	03, 04, 20, 23, 27, 32	13	6	28	33	35	7	④	34	1	4	9	17
23056	08, 14, 15, 18, 23, 33	08	4	29	34	36	8	④	35	2	3	10	18
23057	02, 05, 10, 17, 24, 32	03	5	30	35	37	9	1	⑤	3	4	11	19
23058	10, 17, 22, 26, 30, 33	11	7	31	36	38	10	2	1	4	⑦	12	20
23059	02, 06, 13, 22, 27, 32	06	6	32	37	39	11	3	2	⑥	1	13	21

图 3-35 中线和分析定位尾数

2. 预测 23060 期二位尾数

23038 期开出 9，对应号码 0 未出；23043 期、23044 期、23046 期均开出 8，对应号码 1 未出；23042 期、23047 期、23049 期、23050 期、23053

期、23058 期均开出 7，对应号码 2 未出；23040 期开出 6 对应号码 3 在 23048 期已出，23041 期、23045 期、23051 期、23054 期、23059 期均开出 6，对应号码 3 未出；23057 期开出号码 5，对应号码 4 未出；23036 期开出 4 对应号码 5 在 23057 期已开出，23052 期、23055 期、23056 期均开出号码 4，对应号码 5 未出，号码 3 对应号码 6 均已开出。

依据以上推断，预测号码为 0、1、2、3、4、5。

23060 期第二位号码开出 11，预测正确。

第五节　走势图定胆

■ 一、重复号

重复号又叫遗传号、重叠码，指在上期开奖号码开出以后在下期开奖号码中再次出现的号码。重复号开出概率很高，可作为每期首选的号码，一般选择 1~2 个号码。

（一）利用延推法杀重号

前文介绍了延推法分析技术指标的使用方法，号码本身也可以作为一种分析方法。一般情况下冷号开出以后不做杀号，防止回补号码。

观察走势图 15 期左右，利用上期开奖号码的六个号码分别向前延推。一般情况下，一个号码向前延推三个阶段就可以判断下期是否会开出该号码。三个阶段分别是五期起、十期起、十五期起。

如图 3-36 所示，上期开奖号码 04，向前延伸五期开出两个，再向前延伸一期开出一个号码，形成一个两个的递增规律，预测最新一个阶段不出递增规律，就是说不出三个，前四期开出两个，得到简易方程式 2+X ≠ 3，X ≠ 1，那么最新一期就不出一个。接着从十期向上延推，检查五期延推的概念是否正确。十期开出三个 04，再向前延伸一期开出两个，形成两个递增规律，预测最新一个阶段不出递增规律，就是说不出四个，前九期开出三个，得到简易方程式 3+X ≠ 4，X ≠ 1，那么最新一期就不出一个。最后用十五期延推。十五期开出四个，再向前延伸一期开出三个，形成三个递增规律，预测最新一个阶段不出递增规律，即不出五个，前十四期开出四个，得到简易方程式 4+X ≠ 5，X ≠ 1，那么最新一期就不出一个。

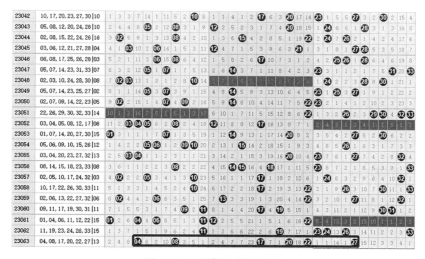

图 3-36　延推法杀重复号

经过三个阶段的延推，得到的结果都是下期不出一个 04，所以下期可以将 04 杀掉。

利用延推法将六个号码全部分析一次，下期要开出的重复号码大概率在保留的号码中。利用延推法可以排除 04、08、22 三个号码。剩余三个号码 17、20、27 可以作为备选重复号码做精选。

（二）精选重复号

经过延推法杀重复号后，一般剩余 2~4 个，精选出 1~2 个作为投注备选号码即可。

1. 精选方法一：热号区域选胆

号码热出区域的强劲表现是不容忽视的，重复号也经常在热号区域内频繁开出。如图 3-37 所示。

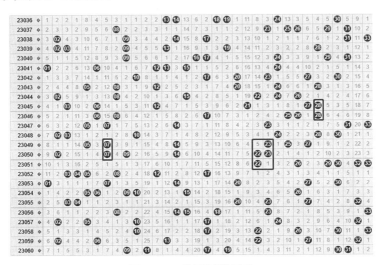

图 3-37　热区域选重号

2. 精选方法二：同尾号码选胆

上期开奖号码当中开出同尾号码，下期极易开出相同尾数号码，在重复号码的选择上也可以借助同尾号选择重号。如图 3-38 所示。

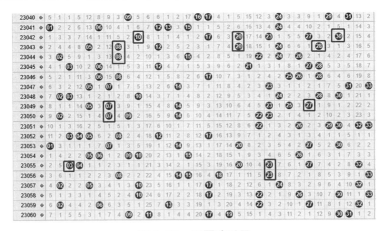

图 3-38　同尾选重号

同尾号码选胆实例。预测 23068 期重复号码。

23067 期开奖号码 01、03、12、19、28、32 开出同尾号码 12 和 32，可以判断同尾号码可能会开出重复号码，定 12、32 为胆码。如图 3-39 所示。

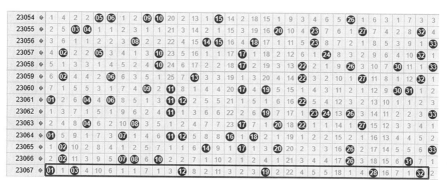

图 3-39　23067 期开奖号码

23068 期开出重复号码 12，预测正确。

■ 二、斜连号

斜连号是指在结构上与历史开奖号码形成斜连形态的号码称为斜连号。如图 3-40 所示。

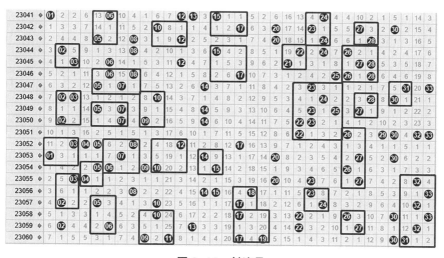

图 3-40　斜连号

（一）斜连号分类

斜连号一般分为普通斜连号、隔期斜连号、隔号斜连号。

普通斜连号指常规斜向下的形态，表现为两种形态：其一是左斜连；其二是右斜连。如图3-41所示。

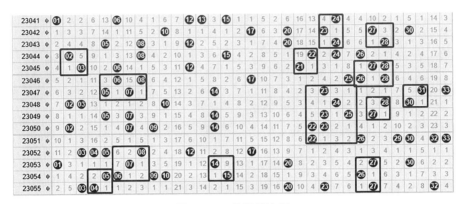

图3-41　普通斜连号

隔期斜连号指间隔相同期数开出的普通斜连号。如图3-42所示。

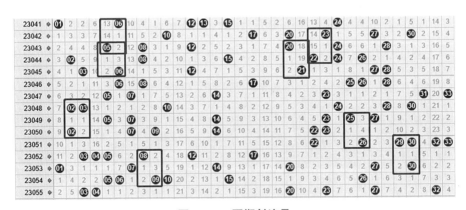

图3-42　隔期斜连号

隔号斜连号是指中间间隔号码开出的斜连号。隔号斜连号也被称为奇数斜连或偶数斜连。如图3-43所示。

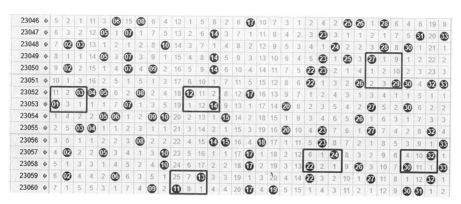

图 3-43　隔号斜连号

（二）斜连号选择

1. 选号方法一：号码指向性

号码开出方向作为走势基础，延续出号点位，形成斜连号。如图 3-44
所示。

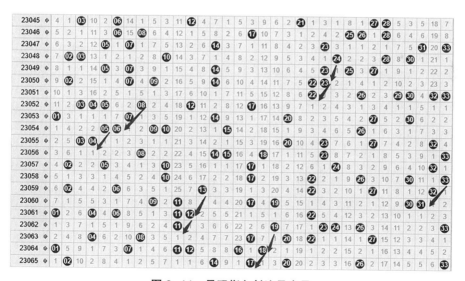

图 3-44　号码指向斜连号出号

2. 选号方法二：小范围出号聚集点位

在一个小范围聚集的点位当中可能会连续或层叠开出斜连号。如图 3-45
所示。

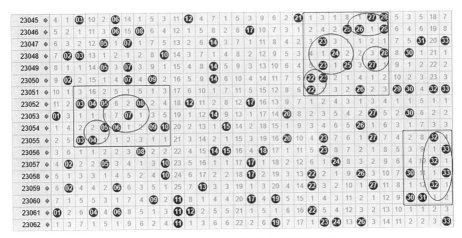

图 3-45　小范围出号聚集点斜连号出号

三、隔期号

隔期号泛指间隔一期开出的号码，基本每期都会开出 1~2 个，极少开出 3 个或以上。如图 3-46 所示。

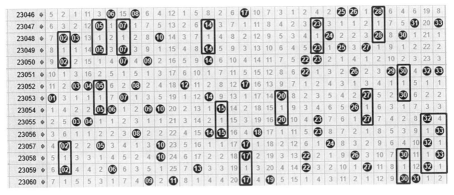

图 3-46　隔期号

隔期号的选择：

（1）渐热号易出隔期号。冷号逐渐转热后开出隔期号码。如图 3-47 所示。

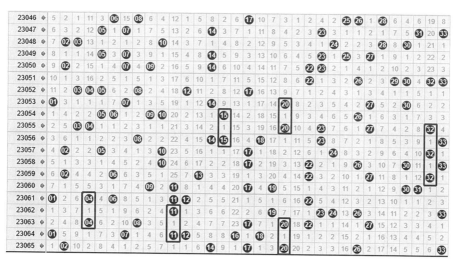

图 3-47　渐热号出隔期号

（2）小范围出号聚集点易出隔期号。

小范围热区域经常开出隔期号。如图 3-48 所示。

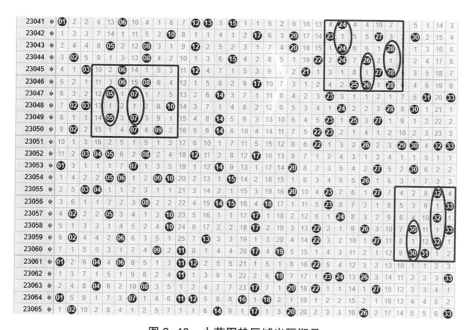

图 3-48　小范围热区域出隔期号

四、雨落号

（一）雨落号概念

雨落号是笔者原创的定胆方法。雨落号指在历史开奖号码当中出现连号、斜连号而近期没有开出过的号码，这类号码就像一朵积雨云一样，所以称为"雨落号"，基本每期都有号码开出。如图3-49所示。

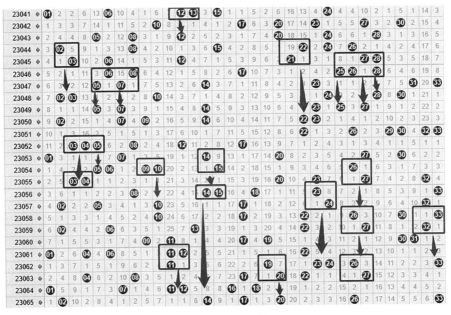

图3-49　雨落号

（二）选择雨落号

1.雨落区间定胆

三个区间当中某一区间三期左右未开出雨落号，这个区间的雨落号开出概率较高。

如图3-50所示，23046期、23047期连续两期未开出雨落号，23048期开出雨落号02、03，23049期回补雨落号又开出05、07。

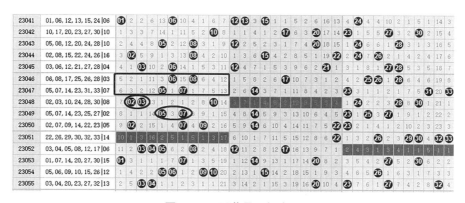

图 3-50 雨落号区间定胆

2. 雨落小范围热号区域定胆

一区小热区域下方开出雨落号 03、04，三区小热区域下方连续两期开出雨落号 28 和 25。如图 3-51 所示。

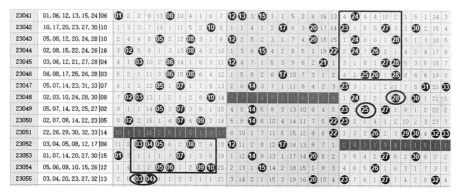

图 3-51 雨落号小范围热号区域定胆

3. 雨落小空白区域定胆

小空白区域是指在 3~5 个号码范围内形成空白，这种情况下有雨落号出现的概率比较高。如图 3-52 所示。

（三）反向使用雨落号

反向使用雨落号指三个区间当中，某个区间五期左右，没有形成雨落号，那么这个区间近期会出现普通斜连号或连号，形成雨落号，以备回补雨落号。这是一个利用雨落号反推胆码的方法。

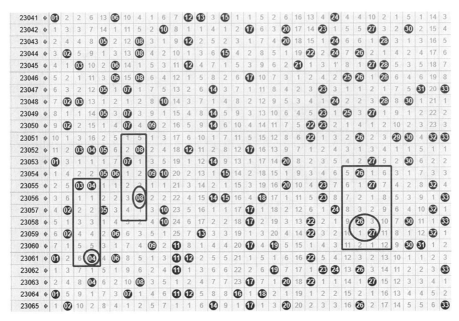

图 3-52　雨落号小空白区域定胆

如图 3-53 所示，23061 期开出 04 以后，本区间再没有雨落号的形成结果，23063 期、23064 期组合开出 08、07 的普通斜连号，23064 期、23065期组合开出 01、02 的普通斜连号。

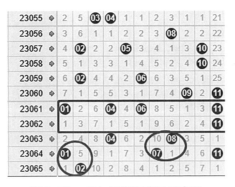

图 3-53　反向使用雨落号示意图

以上四种定胆方法，有 2~3 种方法出现同一个号码，可以设定该号码为胆码。

第四章 开机号、试机号与开奖号码的关系

双色球开机号是投注站出票机开机时打出的第一注机选号码。

双色球试机号是为了测试摇奖机和摇奖球而摇出的一组号码，用来验证摇号是否正确。

很多朋友在选择双色球号码时没有关注过开机号和试机号，实际上，开机号和试机号中隐藏着相对应的关系，通过这些隐藏的关系，可以更加细致地分析号码，提升命中率。

开机号、试机号每一个号码位置所对应的开奖号码都存在着对应的规律。

（1）邻码、邻尾规律：开机号或试机号某一位号码或尾数号码形成12，56形态的相邻号码或相邻尾数号码的情况。

如图4-1所示，开机号第一位开出08，开奖号码开出09，形成邻码、邻尾规律，所以可以预测下期第一位可能不会出现邻码、邻尾的号码，根据这一点可以定位排除两个号码。

图4-1 开机号

（2）对应数、对补数规律：开机号或试机号某一位号码尾数开出对应数

97

或对补数的情况。

如图 4-2 所示，开机号第六位开出 29，9 尾号码，开奖号码开出 31，1 尾号码，形成对补数关系，所以，预测下一期第六位可能不会出对补数关系的号码，根据这点可以定位排除一个尾数对应的号码。

图 4-2　开机号

（3）重复规律：开机号或试机号某一位号码或尾数出现相同的号码情况。

如图 4-3 所示，试机号第二位开出 08，开奖号码第二位开出 08，可以预测下期第二位可能不会开出重复号码。

图 4-3　重复规律

（4）同属性规律：属性是指奇偶、质合、大小，相同属性指开机号或试机号某一位号码出现相同类型属性的情况。

如图 4-4 所示，试机号第一位开出 08，开奖号码第一位开出 02，属于同属规律中的同偶规律，可以预测下期第一位可能不会开出同偶规律号码，但还可能开出同奇号码或其他同属性号码。

图 4-4　同属性规律

（5）同路数规律：开机号或试机号某一位号码或尾数号码开出 012 路相

同路数号码的情况。

　　如图 4-5 所示，开机号第一位开出 04，开奖号码第一位开出 01，属于同 1 路号码，可以预测下期可能不会出 1 路号码。

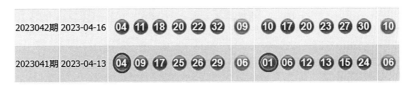

图 4-5　同路数规律

以上五种分析规律，一般情况下连出不超过两次。

第五章 走势图分析蓝球

一、中线分析蓝球号码

蓝球中线指 01~16 十六个号码当中最中间的两个号码，中线左侧为小号，中线右侧为大号，中线两个号码当中靠近小数的被称为小中，靠近大号的被称为大中。

分解为：

小号：01~07。

小中：08。

大中：09。

大号：10~16。

举例：预测 23057 期。

如图 5-1 所示，十五期开出小号 6 期，开出大号 7 期，23056 期开出小中号码 08，前边 23048 期开出小中号码 08 以后 23049 期开出的是小号，那么本期跟随这一指示继续看小号，需要预防再次开出中线号码，所以预测 23057 期蓝球号码为 01~09。

期号	开奖号码																					
23042	10, 17, 20, 23, 27, 30 |10	10	41	16	21	9	1	63	2	3	⑩	47	5	24	14	8	37
23043	05, 08, 12, 20, 24, 28 |10	11	42	17	22	10	2	64	3	4	⑩	48	6	25	15	9	38
23044	02, 08, 15, 22, 24, 26 |16	12	43	18	23	11	3	65	4	5	1	49	7	26	16	10	⑯
23045	03, 06, 12, 21, 27, 28 |04	13	44	19	④	12	4	66	5	6	2	50	8	27	17	11	1
23046	06, 08, 17, 25, 26, 28 |03	14	45	③	1	13	5	67	6	7	3	51	9	28	18	12	2
23047	05, 07, 14, 23, 31, 33 |07	15	46	1	2	14	6	⑦	7	8	4	52	10	29	19	13	3
23048	02, 03, 10, 24, 28, 30 |08	16	47	2	3	15	7	1	⑧	9	5	53	11	30	20	14	4
23049	05, 07, 14, 23, 25, 27 |02	17	②	3	4	16	8	2	1	10	6	54	12	31	21	15	5
23050	02, 07, 09, 14, 22, 23 |05	18	1	4	5	⑤	9	3	2	11	7	55	13	32	22	16	6
23051	22, 26, 29, 30, 32, 33 |14	19	2	5	6	1	10	4	3	12	8	56	14	33	⑭	17	7
23052	03, 04, 05, 08, 12, 17 |06	20	3	6	7	2	⑥	5	4	13	9	57	15	34	1	18	8
23053	01, 07, 14, 20, 27, 30 |15	21	4	7	8	3	1	6	5	14	10	58	16	35	2	⑮	9
23054	05, 06, 09, 10, 15, 26 |12	22	5	8	9	4	2	7	6	15	11	59	⑫	36	3	1	10
23055	03, 04, 20, 23, 27, 32 |13	23	6	9	10	5	3	8	7	16	12	60	1	⑬	4	2	11
23056	08, 14, 15, 18, 23, 33 |08	24	7	10	11	6	4	9	⑧	17	13	61	2	1	5	3	12

图 5-1　蓝球号码中线分析

23057 期蓝球号码开出 03，预测正确。

二、中线分析蓝球尾数

前边已经讲解了利用中线分析红球定位尾数的方法，蓝球的分析过程以及概念也是一样的。

中线指尾数 0~9 十个号码中最中间的两个号码，中线左侧为小号，中线右侧为大号，中线两个号码当中靠近小数的被称为小中，靠近大号的被称为大中。

分解为：

小号：0123。

小中：4。

大中：5。

大号：6789。

举例：如图 5-2 所示，小号二十期开出 7 期；大号二十期开出 9 期，23057 期可以做两种预测，翻转出小号之前先开出调平作用的中线号码 4 或 5，因为小号出号略少于大号，所以可能先反小号，再开中线号码。由上述分析可以预测蓝球尾数是 0~5，对应号码 01、02、03、04、05、10、11、12、13、14、15 十一码。

23037	08, 23, 25, 26, 29, 31 |12	40	5	②	11	9	3	2	51	8	1
23038	02, 09, 14, 17, 31, 33 |08	41	6	1	12	10	4	3	52	⑧	2
23039	02, 03, 09, 13, 19, 28 |09	42	7	2	13	11	5	4	53	1	⑨
23040	09, 16, 17, 24, 29, 31 |08	43	8	3	14	12	6	5	54	⑧	1
23041	01, 06, 12, 13, 15, 24 |06	44	9	4	15	13	7	⑥	55	1	2
23042	10, 17, 20, 23, 27, 30 |10	⓪	10	5	16	14	8	1	56	2	3
23043	05, 08, 12, 20, 24, 28 |10	⓪	11	6	17	15	9	2	57	3	4
23044	02, 08, 15, 22, 24, 26 |16	1	12	7	18	16	10	⑥	58	4	5
23045	03, 06, 12, 21, 27, 28 |04	2	13	8	19	④	11	1	59	5	6
23046	06, 08, 17, 25, 26, 28 |03	3	14	9	③	1	12	2	60	6	7
23047	05, 07, 14, 23, 31, 33 |07	4	15	10	1	2	13	3	⑦	7	8
23048	02, 03, 10, 24, 28, 30 |08	5	16	11	2	3	14	4	1	⑧	9
23049	05, 07, 14, 23, 25, 27 |02	6	17	②	3	4	15	5	2	1	10
23050	02, 07, 09, 14, 22, 23 |05	7	18	1	4	5	⑤	6	3	2	11
23051	22, 26, 29, 30, 32, 33 |14	8	19	2	5	④	1	7	4	3	12
23052	03, 04, 05, 08, 12, 17 |06	9	20	3	6	1	2	⑥	5	4	13
23053	01, 07, 14, 20, 27, 30 |15	10	21	4	7	2	⑤	1	6	5	14
23054	05, 06, 09, 10, 15, 26 |12	11	22	②	8	3	1	2	7	6	15
23055	03, 04, 20, 23, 27, 32 |13	12	23	1	③	4	2	3	8	7	16
23056	08, 14, 15, 18, 23, 33 |08	13	24	2	1	5	3	4	9	⑧	17

图 5-2 中线分析蓝球尾数

6

第六章　蓝球寻码图

一、寻蓝图概念及原理

以一定的逻辑顺序排列蓝球号码，按照奇偶、顺序、倒序、旋转，展示出乱中有序的概念，与彩票开奖的无序性和伪随机性相契合。

寻蓝图 1：横向是按顺序排列，纵向是全奇或全偶排列，有序地分割了奇偶数，与开奖号码的奇偶变化衔接（见表 6-1）。

寻蓝图 2：01~16 十六个号码从内到外旋转，由里及表的结构分层，寻找结构的特点（见表 6-2）。

寻蓝图 3：01~16 十六个号码从外到内旋转，由表及里的结构分层，寻找结构的特点（见表 6-3）。

二、寻蓝图使用

表 6-1　寻蓝图 1

01	02	03	04
05	06	07	08
09	10	11	12
13	14	15	16

表6-2 寻蓝图2

16	15	14	13
05	04	03	12
06	01	02	11
07	08	09	10

表6-3 寻蓝图3

04	03	02	01
05	14	13	12
06	15	16	11
07	08	09	10

（一）寻蓝图使用方法

在寻蓝图中找出上一期开出的蓝球号码，横向竖向对应找出围码即是本期围蓝。如果某一寻蓝图连续三期或以上均开出蓝号，下期暂停使用该寻蓝图；相反，如果某一寻蓝图连续三期或以上均未开出蓝球，可以围绕该图选择蓝球号码。

（二）应用举例

（1）例如，23020期蓝球开奖号码05，预测23021期蓝球号码。利用表6-3预测，如表6-4所示。

表6-4 预测（一）

04	03	02	01
05	14	13	12
06	15	16	11
07	08	09	10

23020期开奖号码05，预测23021期蓝球号码04、05、06、07、12、13、14。23021期蓝球开奖号码04，预测正确。

（2）例如，23045 期蓝球开奖号码 04，预测 23046 期蓝球号码。利用表 6-2 来预测，如表 6-5 所示。

表 6-5　预测（二）

16	15	14	13
05	04	03	12
06	01	02	11
07	08	09	10

23045 期开奖号码 04，预测 23046 期蓝球号码 01、03、04、05、08、12、15。23046 期蓝球开奖号码 03，预测正确。

（3）例如，23057 期蓝球开奖号码 03，预测 23058 期蓝球号码。利用表 6-1 预测，如表 6-6 所示。

表 6-6　预测（三）

01	02	03	04
05	06	07	08
09	10	11	12
13	14	15	16

23057 期开奖号码 03，预测 23058 期蓝球号码 01、02、03、04、07、11、15。23058 期蓝球开奖号码 11，预测正确。

三、寻蓝图杀蓝

表 6-7　杀蓝

06	07	08	09	10	11	12	13
05	04	03	02	01	16	15	14

（一）杀蓝图使用方法

在杀蓝寻码图中找到上期开奖号码，竖向对应的号码即可作为杀号（见

表 6-7）。

（二）应用举例

（1）例如，23020 期蓝球开奖号码 05，预测 23021 期杀蓝球号码，如表 6-8 所示。

表 6-8 蓝球（一）

06	07	08	09	10	11	12	13
05	04	03	02	01	16	15	14

23020 期蓝球开奖号码 05，预测 23021 期杀蓝球号码 06。23021 期蓝球开奖号码 04，预测正确。

（2）例如 23045 期蓝球开奖号码 04，预测 23046 期杀蓝球号码，如表 6-9 所示。

表 6-9 蓝球（二）

06	07	08	09	10	11	12	13
05	04	03	02	01	16	15	14

23045 期蓝球开奖号码 04，预测 23046 期杀蓝求号码 07。23046 期蓝球开奖号码 03，预测正确。

（3）例如，23057 期蓝球开奖号码 03，预测 23058 期杀蓝球号码，如表 6-10 所示。

表 6-10 蓝球（三）

06	07	08	09	10	11	12	13
05	04	03	02	01	16	15	14

23057 期蓝球开奖号码 03，预测 23058 期杀蓝球号码 08。23058 期蓝球开奖号码 11，预测正确。

第三部分

组 合 篇

第七章　红蓝搭配法

红球是主旋律，蓝球是锦上添花。

有很多朋友因为一个蓝球而错失头奖，后悔不已。殊不知，在红球与蓝球之间存在着一种衔接关系，找到这种衔接的规律就可以将红球与蓝球有机地结合，大概率提升红与蓝组合的命中率。

一、红蓝搭配法概念

红球与蓝球之间存在着必然的联系，比如说红球号码开出 05，同期蓝球号码开出 06，这属于连号，是红与蓝的对应连号，用这样的方法将红球与蓝球联系在一起，有助于联合分析红球与蓝球号码。

原创的红蓝搭配法是以红一位、红六位与蓝球号码之间存在的关系作为分析依据。因为红一位和红六位在号码结构上，一个是起点一般开奖号码都在一区，另一个是终点一般开奖号码都在三区，这更有利于把握方向。其他位置的号码相比之下较为分散，不利于把握。

二、红蓝搭配法分析

六位红球与蓝球号码的关系：

（1）同路数关系：上 N 期红一位与蓝号属于 012 路同一个路数。

（2）对应数、对补数关系：上 N 期红一位与蓝号属于同一组对应数或对补数。

（3）重尾、重号关系：上 N 期红一位与蓝号属于重号或重尾数。

（4）邻码、邻尾关系：上 N 期红一位与蓝号属于邻号或邻尾数。

（5）同属性关系：同属性是指奇偶、质合、大小，上 N 期红一位与蓝号属于同属性关系。

三、红蓝搭配原则

（1）同路数关系分为尾数同路数和号码同路数，重复最多 2 次，一般情况下 1 次。

如图 7-1 所示，红一位 10 为 1 路号码，对应蓝号 13 为 1 路号码；下一期红一位 06 为 0 路号码，对应蓝号 15 为 0 路号码。

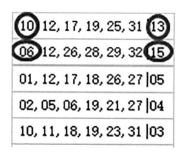

图 7-1　红蓝同路数

（2）对应数、对补数关系，因为对应数、对补数应用的是 0~9 十个号码，所以在分析时以尾数进行判断。

对应数：0，5；1，6；2，7；3，8；4，9。

对补数：0，0；1，9；2，8；3，7；4，6；5，5。

一般情况下出现某一对数字，重复最多 2 次，一般情况下 1 次。

如图 7-2 所示，红一位开出 09，对应蓝号开出 14，那么下期红一位如果出 469 尾数号码，蓝号大概率不会出 469 尾号码。

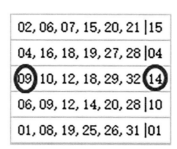

图 7-2　红蓝对应

（3）重尾关系，重复最多 2 次，一般情况下 1 次。

如图 7-3 所示，凤尾开出 31，蓝号开出 01，一般开出一次，最多两次同尾以后下期大概率不会出同尾。

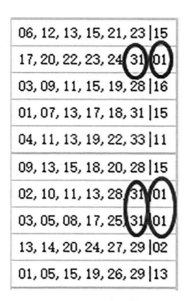

图 7-3　红蓝重尾

（4）邻码、邻尾关系，在红一位上可能会出现邻码关系，在红六位上一般不会出现邻码关系，只会出邻尾关系。重复最多 2 次，一般情况下 1 次。

如图 7-4（a）所示，红一位开出 06，对应蓝开出 15，邻尾关系。

如图 7-4（b）所示，红一位开出 06，对应蓝开出 05，邻号关系。

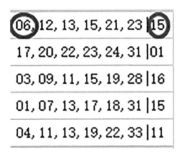

（a）　　　　　　　　　（b）

图7-4　邻码、邻尾

（5）同属性关系，属性是指奇偶、质合、大小等条件，相同属性经常会出现，而且连出较多。一般情况下开出 3~5 次；在连续未出同属性达到五期左右时要考虑会开出同属性蓝号。

四、总结

在选号过程中，只要红一位和红六位选择正确，依据五个关系和五个原则，搭配对应蓝号，就可以提升红与蓝的综合命中率。

8

第八章　案例分析

一、案例一　定位选号

预测 23041 期：

23040 期开奖号码：09、16、17、24、29、31+08。

（一）第一步：龙头、凤尾分析

通过观察走势图发现（见图 8-1），32、33 向 01 位置偏移第一次，01、02 偏移第二次，05、06 偏移第三次；反向偏移，07、06 偏移第一次，05、04、03 偏移第二次，01、33 偏移第三次，判断符合预测规定，预测 23041 期龙头范围是 01~07。

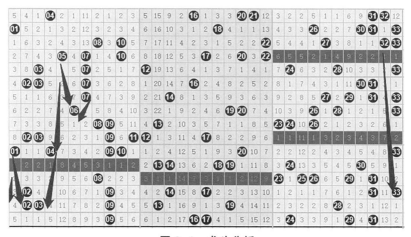

图 8-1　龙头分析

113

如图8-2所示，33向内偏移5次。32、31偏移第一次，30、29偏移第二次，27、26偏移第三次，26、25有24作为衔接号码，也属于一次偏移，算是第四次偏移，25、24偏移第五次；23向外偏移4次。23、24偏移第一次，25、26后边没有衔接号码，所以不算偏移，27、28、29偏移第二次，30、31偏移第三次，32、33偏移第四次。因为向三区小号方向偏移了五次，所以说明凤尾号码应该在中前区域（中心码之前）23~28。

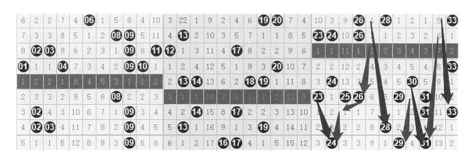

图8-2　凤尾分析

目前龙头定为01~07；凤尾定为23~28。

（二）第二步：位移法居中法定胆组

位移分析法五码胆组：04、05、06、07、08（见图8-3）。

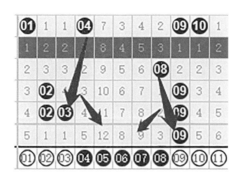

图8-3　位移法定胆组

居中分析法胆组：12、13、14、15、16、17、18（见图8-4）。

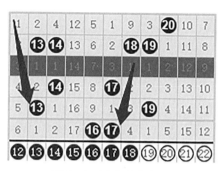

图 8-4　居中法定胆组

每个方法在温热区域各使用一次即可，不能乱用，否则会适得其反。

统计目前围码：01~07；04~08；12~18；23~28。

（三）第三步：区间中心号定胆

如图 8-5 所示，一区小号（01~05）十五期开出 12 个号码；大号十五期开出 17 个号码，大号明显偏多，可以利用中心号反向定独胆方法确定独胆 06。

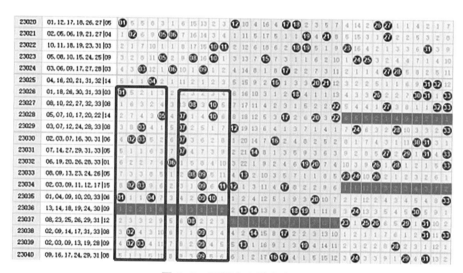

图 8-5　区间中心号码定胆

（四）第四步：走势图定胆

1. 重复号

延推法杀重复号：17、31（见图8-6）。

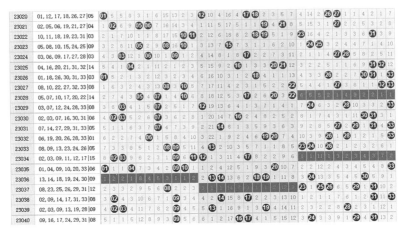

图8-6　重复号

定重号：同尾09、29；雨落号＋重复号得到24、29。

2. 斜连号

如图8-7所示，小范围聚集点得到两个位置，第一个位置是13~19得到斜连号为15、16、18；第二个位置是28~31得到斜连号为28、30、32。综合得到15、16、18、28、30、32。

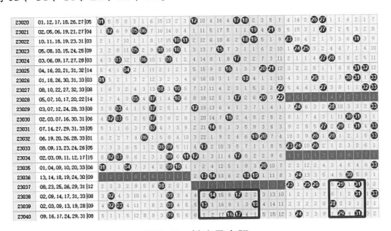

图8-7　斜连号定胆

3. 隔期号

与上期隔一期的号码包括：02、03、13、19、28，其中 02、13 属于渐热号；19 属于小范围热区域号码，综合得到 02、13、19（见图 8-8）。

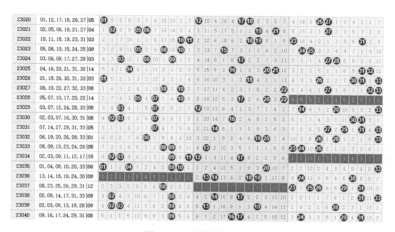

图 8-8　隔期号定胆

4. 雨落号

雨落号有：02、03、06、07、10、11、12、13、14、25、26、28、29。

小空白区域定胆 06、07、10、11、12、25、26、

小热区域定胆 28、29。

综合得到 06、07、10、11、12、25、26、28、29。

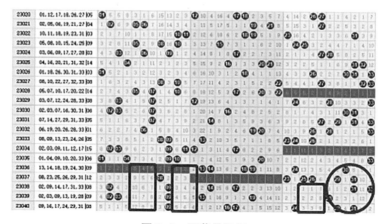

图 8-9　雨落号胆组

胆码得到：

重复号：09、24、29（得到杀号：17、31）。

斜连号：15、16、18、28、30、32。

隔期号：02、13、19。

雨落号：06、07、10、11、12、25、26、28、29。

（五）第五步：分析三区比

1. 一区分析

前五期（第一个五期阶段）相加得到：0+1+2+3+1=7。

再向前延伸一期（第二个五期阶段）相加得到：4+0+1+2+3=10。

两个阶段相差3，预测下期不会出相差3的结果。

前四期加最新开奖一期得到：$1+2+3+1+X \neq 10$（如果等于10，就与前一个阶段相差3），那么 $X \neq 3$。预测下期一区不会出3码。

由此判断下期一区出1~2码为主。

2. 二区分析

如图8-11所示，二区连续开出三期2路，所以用转路数延推方法分析2路。

3:1:2	3:1:2
1:1:4	1:1:4
1:2:3	1:2:3
2:1:3	2:1:3
4:2:0	4:2:0
4:1:1	4:1:1
0:4:2	0:4:2
1:0:5	1:0:5
2:2:2	2:2:2
3:2:1	3:2:1
1:2:3	1:2:3

图8-10　三区比分析　　　　图8-11　二区分析

如图 8-11 所示，前五期（第一个五期阶段）开出三个 2 路，再向前延伸一期（第二个五期阶段）开出两个 2 路，形成 2~3 递增规律，预测最新一个阶段不出四个 2 路，前四期出三个 2 路，得到方程式 $3+X \neq 4$，那么 $X \neq 1$，判断下期不出一个 2 路；再用十期延推作为验证。前十期（第一个十期阶段）开出五个 2 路，再向前延伸一期（第二个十期阶段）开出四个 2 路，形成 4~5 递增规律，预测下个阶段不出六个 2 路，前九期出五个 2 路，得到方程式 $5+X \neq 6$ 那么 $X \neq 1$，判断下期不出一个 2 路。综上所述，预测下期不会出 2 路，也就是说，排除二区出两个或五个号码。

由此判断下期二区出 1 码或 3 码为主。

3. 三区分析

前五期（第一个五期阶段）相加得到：2+5+2+1+3=13。

再向前延伸一期（第二个五期阶段）相加得到：1+2+5+2+1=11。

两个阶段相差 2，预测下期不会出相差 2 的结果。

前四期加最新开奖一期得到：$5+2+1+3+X \neq 13$（如果等于 13，就与前一个阶段相差 2），那么 $X \neq 2$。预测下期三区不会出 2 码。

由此判断下期三区出 1 码或 3 码为主。

综合三区比：

一区：1 或 2。

二区：1 或 3。

三区：1 或 3。

1+1+1=3　1+1+3=5　1+3+1=5　1+3+3=7

2+1+1=4　2+1+3=6　2+3+1=6　2+3+3=8

其中，符合双色球个数的只有 2：1：3 和 2：3：1。

（六）第六步：定位围码大底（初选）

三区比分析得到，一区出二码概率高，所以一位二位上均为一区号码，又因独胆06的关系，那么一位结束位置应该是06，二位起始应该在06到一区结束位置。

一位：01、02、03、04、05、06。

二位：06、07、08、09、10、11。

二区出一码或三码，那么三位上必然是二区号码，四位五位上可能是二区也可能是三区号码。因为胆组：12、13、14、15、16、17、18，所以三位上就安排这七码，四五位跨越到三区位置，又因六位上最大至28，所以四位上最大至26，五位上最大至27。

延推法杀重号，已排除17 31。

三位：12、13、14、15、16、18。

四位：13、14、15、16、18、19、20、21、22、23、24、25、26。

五位：14、15、16、18、19、20、21、22、23、24、25、26、27。

六位上已经预测为：23~28。

六位：23、24、25、26、27、28。

综合定位定码如下：

一位：01、02、03、04、05、06。

二位：06、07、08、09、10、11。

三位：12、13、14、15、16、18。

四位：13、14、15、16、18、19、20、21、22、23、24、25、26。

五位：14、15、16、18、19、20、21、22、23、24、25、26、27。

六位：23、24、25、26、27、28。

（七）第七步：精选定位

精选定位就是通过"延推法、位移法、中线与中线和法"分析每个位置的出号属性，进而减少每个位置的号码个数。

1. 延推法分析一位号码 012 路

0路	1路	2路
2	6	2路
3	7	2路
4	1路	1
0路	1	2
1	1路	3
2	1	2路
3	1路	1
4	1	2路
0路	2	1
1	1路	2
2	1路	3
3	1	2路
4	2	2路
0路	3	1
1	4	2路
2	1路	1
0路	1	2
1	2	2路
2	3	2路
3	1路	1
4	1路	2
5	1	2路
6	2	2路
7	3	2路
0路	4	1

图 8-12　一位 012 路走势

先看 0 路，前五期（第一个五期阶段）开出一个 0 路，再向前延伸一期（第二个五期阶段）开出零个 0 路，零个一路，形成递增规律，预测下一个阶段不会出两个 0 路，前四期开出一个 0 路，形成方程式 $1+X \neq 2$，那么 $X \neq 1$，由此判断下期一位不出 0 路号码。通过十期验证，前十期（第一个十期阶段）开出两个 0 路，再向前延伸一期（第二个十期阶段）开出一个 0 路，一个两个，形成递增规律，预测下一个阶段不出 3 个 0 路，前九期开出两个 0 路，所以预测最新一期不出 0 路号码。由此判断一位围码得到 01、02、04、05。

根据定位分析第一位置号码可以得到两个关键点：其一第一位置的出号范围在 01、02、04、05；其二第二位置只有独胆 06。

2. 延推法分析三位尾数 012 路

0路	5	3
0路	6	4
1	7	2路
0路	8	1
1	9	2路
2	1路	1
3	1路	2
0路	1	3
0路	2	4
0路	3	5
0路	4	6
1	5	2路
2	6	2路
3	1路	1
0路	1	2
1	1路	3

图 8-13　尾数 012 路走势

0 路前五期（第一个五期阶段）开出一个，向前延伸一期（第二个五期阶段）开出两个，形成递减规律，预测最新一个阶段不出零个，但是前四期已经开出一个 0 路，所以不足以分析 0 路号码。1 路前五期（第一个五期阶段）开出两个，向前延伸一期（第二个五期阶段）开出一个，形成递增规律，预测最新一个阶段不出三个，前四期开出两个，所以预测最新一期不出 1 路。利用十期延推验证，前十期（第一个十期阶段）开出三个，再向前延伸一期（第二个十期阶段）开出三个，形成重复规律，预测最新一个十期阶段不出三个，前九期开出两个，所以预测最新一期不出 1 路号码。由此判断三位尾数不出 1 路号码，形成三选二模式，只选择 0 路和 2 路尾数即可。由此判断三位围码得到 12、13、15、16、18。

3. 延推法分析三位号码 012 路

1	2	2路
2	3	2路
3	1路	1
4	1路	2
0路	1	3
1	1路	4
0路	1	5
1	2	2路
2	1路	1
0路	1	2
0路	2	3
0路	3	4
1	1路	5
2	1	2路
0路	2	1
1	3	2路

图 8-14 三位 012 路走势图

0 路前五期（第一个五期阶段）开出两个，再向前延伸一期（第二个五期阶段）开出三个，形成递减规律，预测最新一个阶段不出一个，由于前四期已经开出一个 0 路，那么最新开奖期就要开出一个 0 路，这样才可以达成最新一个阶段不出一个 0 路的预测。

1 路前五期（第一个五期阶段）开出一个，再向前延伸一期（第二个五期阶段）开出一个，形成重复规律，预测最新阶段不出一个，由于前四期已经开出一个 1 路，那么最新开奖期就要开出一个 1 路，这样才可以达成最新一个阶段不出一个 1 路的预测。

2 路前五期（第一个五期阶段）开出两个，再向前延伸一期（第二个五期阶段）开出一个，形成递增规律，预测最新一个阶段不出三个，前四期开出两个，得到方程式 $2+X \neq 3$，$X \neq 1$，那么最新一期就不出 2 路。利用十期延推验证，前十期（第一个十期阶段）开出三个，再向前延伸一期（第二个十期阶段）开出两个，形成递增规律，预测最新一个阶段不出三个，前九期开出两个，得到方程式 $2+X \neq 3$，$X \neq 1$，那么最新一期不出 2 路。由此判断下期三位号码排除 2 路。形成三选二模式，只选择 0 路和 1 路号码即可。由此判断三位围码得到 12、13、15、16、18。

4. 中线法分析三位尾数

期号	号码	尾数											
23025	04, 16, 20, 21, 31, 32 |14	0	0		19	15	10	21	4	5	3	1	
23026	01, 18, 26, 30, 31, 33 |03	6	1	26	20	16	11	6	6	4	2	
23027	08, 10, 22, 27, 32, 33 |08	2	2	27	2	17	12	23	1	7	3	
23028	05, 07, 10, 17, 20, 22 |14	0	0	28	1	18	13	24	2	6	4	
23029	03, 07, 12, 24, 28, 33 |08	2	1	29	2	14	25	3	9	7	5	
23030	02, 03, 07, 16, 30, 31 |06	7	2	30	1	15	26	7	8	6	
23031	07, 14, 27, 29, 31, 33 |05	7	3	31	2	16	27	7	9	
23032	06, 19, 20, 26, 28, 33 |01	0	0	2	3	22	17	28	6	1	10	8
23033	08, 09, 13, 23, 24, 26 |05	3	1	33	4	3	18	29	7	2	11	9
23034	02, 03, 09, 11, 12, 17 |15	9	2	34	5	19	30	3	12	9
23035	01, 04, 09, 10, 20, 33 |06	9	3	35	6	20	31	9	4	13	9
23036	13, 14, 18, 19, 24, 30 |09	8	4	36	7	21	32	10	5	8	1
23037	08, 23, 25, 26, 29, 31 |12	5	5	37	8	22	5	11	6	1	2
23038	02, 09, 14, 17, 31, 33 |08	4	6	38	9	4	1	12	7	3	4
23039	02, 03, 09, 13, 19, 28 |09	9	7	39	10	1	2	13	8	3	9
23040	09, 16, 17, 24, 29, 31 |08	7	8	40	11	7	2	3	14	7	4	1

图 8-15　中线法分析三位尾数

小号（0~3）十五期仅开出 5 期，而且近七期未出；大号（6~9）十五期开出 8 期，中线码开出 2 期。预测下期有两种出号可能：其一开出中线号码 4 或 5 作为调整大小号码；其二先出小号再回中线调整大小号码，所以预测第三位尾数应该在 0~5 当中。由此判断三位围码得到 12、13、15。

5. 延推法分析四位尾数 012 路

0路	1	7
0路	2	8
0路	3	9
0路	4	10
1	1路	11
0路	1	12
0路	2	13
0路	3	14
1	1路	15
0路	1	16
1	1路	17

图 8–16　四位尾数 012 路

0 路前五期（第一个五期阶段）开出三个，再向前延伸一期（第二个五期阶段）开出四个，形成递减规律，预测最新一个阶段不出两个，前四期开出两个，最新一个阶段不出两个，那么最新一期就要出一个。1 路前五期（第一个五期阶段）开出两个，再向前延伸一期（第二个五期阶段）开出一个，形成递增规律，预测最新一个阶段不出三个，前四期开出两个，得到方程式 $2+X \neq 3$，那么 $X \neq 1$，所以最新开奖期不出 1 路。利用十期延推验证，前十期（第一个十期阶段）开出三个，再向前延伸一期（第二个十期阶段）开出两个，形成递增规律，预测最新一个阶段不出四个，前九期开出三个，得到方程式 $3+X \neq 4$，那么 $X \neq 1$，最新一期不出 1 路。由此判断四位尾数不

出 1 路。形成三选二模式，只选择 0 路和 2 路尾数即可。由此判断四位围码
得到 13、15、16、18、19、20、22、23、25、26。

6. 延推法分析四位号码 012 路

0路	1	6
1	2	2路
0路	3	1
0路	4	2
0路	5	3
1	6	2路
0路	7	1
1	1路	2
2	1	2路
3	2	2路
4	3	2路
5	4	2路
6	1路	1
7	1路	2
8	1	2路
9	2	2路
10	1路	1
0路	1	2

图 8-17　四位号码 012 路

0 路前五期（第一个五期阶段）开出一个，再向前延伸一期（第二个五
期阶段）开出零个，形成递增规律，预测最新一个阶段不会出两个，前四
期开出一个，得到方程式 $1+X \neq 2$，那么 $X \neq 1$，预测最新一期不会开出 0
路。利用十期延推验证，前十期（第一个十期阶段）开出一个，再向前延伸
一期（第二个十期阶段）开出零个，形成递增规律，预测最新一个阶段不会
出两个，前九期开出一个，得到方程式 $1+X \neq 2$，那么 $X \neq 1$，预测最新一

期不会开出 0 路。利用十五期延推验证，前十五期（第一个十五期阶段）开出四个，再向前延伸一期（第二个十五期阶段）开出四个，形成重复规律，预测最新一个阶段不出四个，前十四期开出三个，得到方程式 3+X ≠ 4，那么 X ≠ 1，预测最新一期不出 0 路。由此判断四位号码不出 0 路。形成三选二模式，只选择 1 路和 2 路号码即可。由此四位围码得到 13、16、19、20、22、23、25、26。

7.位移法分析五位尾数

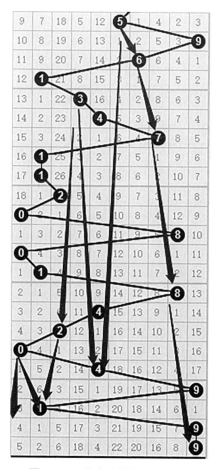

图 8-18 位移法分析五位尾数

5、6、7、8、9偏移第一次；0、1偏移第二次；3、4偏移第三次，反向偏移，3、2、1偏移第一次；0、9偏移第二次，由此可以判断0、1、2、3、4、5为主选尾数。由此判断五位围码为14、15、20、21、22、23、24、25。

经验证五位号码和六位号码无特殊规律存在，暂不使用。

根据走势胆码做集中分析：

重复号：09、24、29。

斜连号：15、16、18、28、30、32。

隔期号：02、13、19。

雨落号：06、07、10、11、12、25、26、28、29

观点：重复号09和29不存在于定位号码当中，所以仅剩独胆24。而且24处于五位或六位上，五位号码如果开出24以上那么独胆24就不存在了，所以五位杀掉大于24的号码。

整理定位如下：

一位：01、02、04、05。

二位：06。

三位：12、13、15

四位：13、16、19、20、22、23、25、26。

五位：14、15、16、18、19、20、21、22、23、24。

六位：23、24、25、26、27、28。

（八）第八步：开机号与开奖号码的关系

23040期开机号：08、11、17、23、24、27。

23040期开奖号码：09、16、17、24、29、31。

开机号龙头出08，开奖号码龙头出09，形成顺序规律，预测下期龙头与开机号不会形成顺序规律；开机号第二位出11，开奖号码出16，形成对应数规律，预测下期不出对应数号码；开机号第三位出17，开奖号码出17，形成重复规律，预测下期不会出重复号码；开机号第四位出23，开奖号码出24，形成顺序规律，预测下期不会形成顺序规律；开机号第五位出24，开奖号码第五位出29，形成对应数规律，预测下期不出对应数号码；开机号凤尾出27，开奖号码凤尾出31，形成同路数和同奇数规律，预测下期不会出同路数和同奇数规律。

23041期开机号：04、09、17、25、26、29。

综上所述，并对应本期开机号号码即可查杀本期定位号码。

开机号龙头出04，龙头可以排除03和05二码；开机号第二位开出09，对应码是4，23041期得到第二位围码06；开机号第三位出17，23041期第三位围码得到12、13、15；第四位开机号出25，23041期第四位得到围码13、16、19、20、22、23；开机号第五位出26，对应码是1，23041期第五位得到围码14、15、20、22、23、24，开机号凤尾出29，23041期凤尾围码24、26、28。

结合计算胆组方法：五码胆组方法——上期开奖号码六码拆分相加得到的数再相加（如果得数还是二位数再进行相加）；上期开奖号码六码互减取最大值，得到的两个号码相加，前取二码后取二码作为当期胆组。

2023040期开奖号码09、16、17、24、29、31。

0+9+1+6+1+7+2+4+2+9+3+1=45 4+5=9

16−9=7 17−16=1 24−17=7 29−24=5 31−29=2

9+7=16 得到：14、15、16、17、18。

排除定位当中没有的号码后，得到：14、15、16。

依据上述预测分析，可以得到最终定位号码：

（结合验证杀号）最终定位如下：

一位：01、02、04。

二位：06。

三位：12、13、15。

四位：13、16、19、20、23。

五位：14、15、20、22、23、24。

六位：24、26、28。

1. 组合号码

单式组合。定位围码结合胆组出号：

01、06、12、13、15、24；01、06、13、16、24、26。

01、06、13、16、24、28；01、06、15、19、24、26。

01、06、15、19、24、28；02、06、12、13、15、24。

02、06、12、16、20、24；02、06、12、16、23、24。

02、06、12、16、24、26；02、06、12、16、24、28。

02、06、13、16、24、26；02、06、13、16、24、28。

02、06、15、16、24、26；02、06、15、19、24、26。

02、06、15、19、24、28；02、06、15、20、24、26。

02、06、15、20、24、28；02、06、15、23、24、26。

02、06、15、23、24、28；04、06、12、13、15、24。

04、06、13、16、24、26；04、06、13、16、24、28。

04、06、15、19、24、26；04、06、15、19、24、28。

2. 胆拖组合：综合一注

胆码：06、24。

拖码：01、02、04、12、13、14、15、16、19、20、23、26、28。

分解胆拖：

应用隔期胆组 02、13、19 将胆码分别加一。

分解一：

胆码：02、06、24。

拖码：01、04、12、13、14、15、16、19、20、23、26、28。

分解二：

胆码：06、13、24。

拖码：01、02、04、12、14、15、16、19、20、23、26、28。

分解三：

胆码：06、19、24。

拖码：01、02、04、12、13、14、15、16、20、23、26、28。

（九）第九步：蓝球分析

1. 寻蓝图预测蓝球

（1）利用寻蓝图 1 预测 23040 期蓝球开奖号码 08（见表 8-1）。

表 8-1 寻蓝图 1

01	02	03	04
05	06	07	08
09	10	11	12
13	14	15	16

预测蓝号为：04、05、06、07、08、12、16。

（2）寻蓝图杀蓝（见表 8-2）：

表 8-2 寻蓝图杀蓝

06	07	08	09	10	11	12	13
05	04	03	02	01	16	15	14

2. 红蓝搭配法应用

风尾与蓝号连续六期开出奇偶、偶奇形态，预测下期风尾与蓝号出同偶或同奇形态概率较大。根据红蓝搭配法原则，可以逆向思考。

本期预测风尾是 24、26、28，综上所述，蓝号应该是偶数。所以蓝号为

04、06、08、12、16。

二、案例二 基本走势选号

基本走势图选号，主要依靠双色球走势图定胆为主线，每个胆组出号个数1~2个号码，近期统计分析结论一般在2~3个号码。将胆组精细划分，可以简化选号难度，提升命中概率。

以预测23061期为例：

23060期开奖号码09、11、17、19、30、31蓝号11。

（一）红球预测

近十期统计分析得出结论为1路号码开出个数偏少，有望回补，近三期1路号码选号个数在2~3码，回补结束。

1路号码：01、04、07、10、13、16、19、22、25、28、31。

走势图定胆过程：

1.重复号码定胆同尾数定胆：09、11、19、31。

通过延推法判断，31可以作为杀号。

2.斜连号定胆

小范围出号聚集点定胆：08、10、12、16、18、20、29、30、31、32。如图8-19所示。

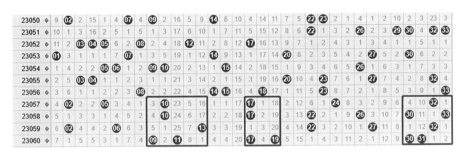

图8-19 斜连号定胆

3. 隔期号定胆

隔期号包括02、06、13、22、27、32，其中，02、32连续开出隔期号概率不高。06、22属于渐热号予以保留，27属于热号予以保留。如图8-20所示。

图 8-20 隔期号定胆

4. 雨落号定胆

如图8-21所示，03、04、14、15、23、24均属于小空白区域，予以保留；31、32、33属于号码聚集，予以保留。

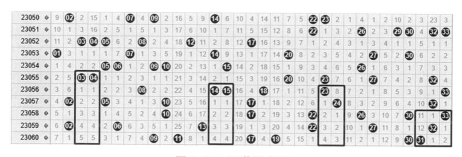

图 8-21 雨落号定胆

5. 中心号码定胆

如图8-22所示，一区中心号码06既是渐热隔期号又是中心号，可以作为胆码；二区中心号17不做重复号考虑所以不选；三区中心号28有可能开出调节大小号出号结构，所以选择06、28为胆码，二码中开出一码概率较高。

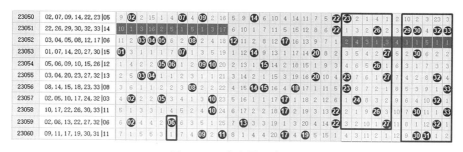

图 8-22 中心号码定胆

6. 中心号与位移分析法

如图 8-23 所示，23059 期一区开出中心号码 06，23060 期小号区（01~

05）未出号，由于走大反小原理，23061 期龙头应该在 01~05。

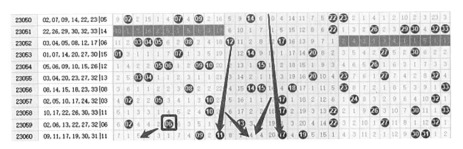

图 8-23　中心号与位移分析法

由图 8-23 可以看出，二区位移分析法可以得到五个号码，12、13、14、

15、16。胆组分解：【一般情况下除特定号码外，均选择 1~2 码。】

龙头：01、02、03、04、05（1 码）。

重复号：09、11、19（1~2 码）。

斜连号：08、10、12、16、18、20、29、30、32（1~2 码）。

隔期号：06、22、27（1~2 码）。

雨落号：03、04、14、15、23、24、32、33（1~2 码）。

中心号：06、28（1 码）。

位移胆组：12、13、14、15、16（1~2 码）。

1 路号码：01、04、07、10、13、16、19、22、25、28（2~3 码）。

根据胆组分解和出号个数分析组合号码即可。

（二）蓝球预测

1. 寻蓝图预测蓝球

如表 8-3 所示，23060 期蓝球开奖号码 11，以 11 为点横向找到 06、11、15、16；纵向找到 01、10、11、12。

表 8-3 寻蓝图 3

04	03	02	01
05	14	13	12
06	15	16	11
07	08	09	10

2. 寻蓝图杀蓝

如表 8-4 所示，23060 期蓝球开奖号码 11，以 11 对应的号码作为本期杀号。所杀号码是 16。

表 8-4 寻蓝图杀蓝

06	07	08	09	10	11	12	13
05	04	03	02	01	16	15	14

综合与得到围蓝：01、06、10、11、12、15 六个号码。

9

第九章　有价值的跟号——短期跟号策略

有很多彩民朋友选择跟号，绝大多数都会随意组合几注号码长期跟踪投注，或是选择冷僻组合进行跟号，往往不会太理想。在这样的情况下需要一种跟号策略，本书介绍一个跟号策略，供大家跟号使用。

短期跟号策略是指，通过统计分析近期走势形态，利用"纠偏"特性将号码进行组合，并在一定时期内进行投注的策略。

纠偏是指纠正偏态的过程，随着每一期奖号的开出某些号码开出个数明显降低，在一定时期内会出现反向弥补的过程，我们把这个过程称为"回补"。把握回补趋势是短期跟号的核心所在。

号码的回补有两条路径：其一是缓慢回补，每期回补出号个数不会很多，但出号结构很紧凑，出号密度变大，一般选择2~3个回补号码；其二是迅速回补，回补出号个数很多，一般选择4~6个回补号码，在短期内将偏态修正。

短期跟号策略选号方法。

选号时首先要确定回补号码类别，比如012路号码、奇偶号码、质合号码等，哪一类号码回补能力强，就将哪一类号码设定为近期跟号重点。

三分区当中的三个中心号码可以作为辅助胆码来组合号码。

如图 9-1 所示，23051~23060 期 0 路开出 21 个；1 路开出 13 个；2 路开出 26 个，其中 1 路号码偏少，2 路号码偏多，0 路号码较为适中。1 路号码出号个数与 2 路号码出号个数的差值为 13，远超一般差值范围，所以近期 1 路号码有望回补出号。

23051	22, 26, 29, 30, 32, 33 |14	1	2	2	0	2	0
23052	03, 04, 05, 08, 12, 17 |06	0	1	2	2	0	2
23053	01, 07, 14, 20, 27, 30 |15	1	1	2	2	0	0
23054	05, 06, 09, 10, 15, 26 |12	2	0	0	1	0	2
23055	03, 04, 20, 23, 27, 32 |13	0	1	2	2	0	2
23056	08, 14, 15, 18, 23, 33 |08	2	2	0	0	2	0
23057	02, 05, 10, 17, 24, 32 |03	2	2	1	2	0	2
23058	10, 17, 22, 26, 30, 33 |11	1	2	1	2	0	0
23059	02, 06, 13, 22, 27, 32 |06	2	0	1	1	0	2
23060	09, 11, 17, 19, 30, 31 |11	0	2	2	1	0	1

图 9-1　012 路号码跟号重点

验证：自 23061 期至今，1 路号码回补情况。

逐期查看：23061 期开出 1 路号码三个，23062 期开出 1 路号码一个，23063 期开出 1 路号码两个，23064 期开出 1 路号码三个，23065 期开出 1 路号码零个，23066 期开出 1 路号码三个，23067 期开出 1 路号码三个。

依据 1 路号码开出个数来看，近期进行缓慢回补。最多开出三个，最少开出零个。如图 9-2 所示。

23061	01, 04, 06, 11, 12, 22 |15	1	1	0	2	0	1
23062	11, 19, 23, 24, 26, 33 |15	2	1	2	0	2	0
23063	04, 08, 17, 20, 22, 27 |13	1	2	2	2	1	0
23064	01, 07, 11, 12, 16, 18 |04	1	1	2	0	1	0
23065	02, 14, 17, 20, 26, 33 |14	2	2	2	2	2	0
23066	02, 07, 08, 10, 26, 31 |06	2	1	2	1	2	1
23067	01, 03, 12, 19, 28, 32 |14	1	0	0	1	1	2

图 9-2　1 路号码回补情况

整体回补情况统计：23058~23068 期，如图 9-3 所示。

23058	10, 17, 22, 26, 30, 33 |11	1	2	1	2	0
23059	02, 06, 13, 22, 27, 32 |06	2	0	1	1	0
23060	09, 11, 17, 19, 30, 31 |11	0	2	2	1	0
23061	01, 04, 06, 11, 12, 22 |15	1	1	0	2	0
23062	11, 19, 23, 24, 26, 33 |15	2	1	2	0	2
23063	04, 08, 17, 20, 22, 27 |13	1	2	2	2	1
23064	01, 07, 11, 12, 16, 18 |04	1	1	2	0	1
23065	02, 14, 17, 20, 26, 33 |14	2	2	2	2	2
23066	02, 07, 08, 10, 26, 31 |06	2	1	2	1	2
23067	01, 03, 12, 19, 28, 32 |14	1	0	0	1	1
23068	11, 12, 15, 18, 29, 33 |02	2	0	0	0	2

图 9-3　1 路号码整体回补情况

前十期 1 路号码仅开出 13 个，本阶段 1 路号码开出 18 个，很明显在进行缓慢回补，基本接近常规数值。

回补 1 路号码时，中心号码 06 在 23061 期开出，中心号码 17 在 23063 期、23065 期开出，中心号码 28 在 23067 期开出。中心号码独胆也频频开出，结合 1 路号码命中概率很高。

第十章　彩票中的境界

人们常说："生命诚可贵，爱情价更高，若为自由故，二者皆可抛。"在彩票当中也有此境界存在，玩彩票，玩的就是一个中奖，另外就是境界。

一、意境浅谈

许多人体会到了彩票的无限魅力，更有一些人因为中巨奖而使人生更加辉煌。彩票在培养良好心态、丰富业余生活和活跃大脑思维等方面把人们引入更深层的境界。

（一）境界一：有理有据

在每一个福利彩票投注站，人们都会把选号作为突出话题，相互交流彩经，仔细观看图表，认真研究号码。为了确定自己的"胆"码，有人会连续多时苦苦思索；为了使自己的复式更"厚实"，有人会画出多种曲线；为了使自己的单注更准确，有人会做出多种组合。细心推敲，反复琢磨，让自己离五百万元近一些，让自己的梦想早日实现。有的彩民说："我选出的每一个号码都有一定的说法，有重复码、边缘码、连码、重点区间冷码等，可能顾及太多，一时不能中奖，但我相信通过研究彩票能培养自己良好的思维习惯，这样购彩才更有意义。"

（二）境界二：自娱自乐

生活节奏越来越快，从某种角度而言，人们甚至感觉到无形负担压迫得喘不过气来，人们都希望通过有意义的业余生活来减轻来自工作和生活的压力。一些时尚的业余活动，或限于条件，或拘于金钱，使人们不敢涉足。比如，攀岩运动，那种与冷酷山石较量、危险做伴的野外活动，使绝大多数人退却；比如航模，需要大笔的金钱投入，一般人承受不起。而彩票就不同了，哪怕你每周只用4元钱，就能参与两期活动，而快乐和希望将伴随你7天。4元钱买来7天的快乐和美好的希望，从愉悦心情方面来说，性价比可谓很高了。

（三）境界三：诚心诚意

以双色球为例，每期的销售量，能为社会提供福利基金数千万元，所以社会弱势群体的救助有了更加切实的保障。彩民对这种公益事业没有理由怀疑。衷心热爱福利彩票，真情参与彩票游戏，奉献自己的爱心，让自己的心情时时感受爱潮涌动，从而给自己一片温暖色彩，体味"阳光味道"。现在许多人都把拥护福利彩票事业作为时尚生活的一部分，并以"彩"为媒逐渐树立起了文明生活的理念。

二、意境所在

彩票乃是生活之中的娱乐添加剂，每一种类型的彩票，其实都是有着相同的意境。喜欢玩彩的朋友，不在少数。生活百态尽在其中，谁又能说生活是什么呢？小小的几位数字，涵盖的却是包罗万象、形形色色的社会。每一次的购彩都是一次对生活热爱的体现，对社会大爱的关注，彩票的境界意在其中。

三、意境突围

突破每个人每颗心的意境，让真善美常驻人间。其实每个社会人内心深处都有一方空地，等着被开采和挖掘，只是苦于没有一根绳子将心与心相连接。彩票作为一种媒介，让大家互动并互爱，也通过彩票界结识朋友，让内心深处的那一方空地成为更精彩的情怀。

附　录

一、杀号验证与统计（精选准确率较高的杀号公式）

1. 红尾之和杀下期红球（大于33减33）

附表 1　红尾之和杀下期红球

期号	杀号	正误
23026	19	***
23027	22	未出 19 正确
23028	21	开出 22 错误
23029	27	未出 21 正确
23030	19	未出 27 正确
23031	31	未出 19 正确
23032	32	未出 31 正确
23033	33	未出 32 正确
23034	24	未出 33 正确
23035	17	未出 24 正确
23036	28	未出 17 正确
23037	32	未出 28 正确
23038	26	未出 32 正确
23039	01	未出 26 正确
23040	03	未出 01 正确

2. 上期蓝球号码杀下期红球

附表 2　上期蓝球号码杀下期红球

期号	杀号	正误
23026	03	***
23027	08	未出 03 正确
23028	14	未出 08 正确
23029	08	未出 14 正确
23030	06	未出 08 正确
23031	05	未出 06 正确
23032	01	未出 05 正确
23033	05	未出 01 正确
23034	15	未出 05 正确
23035	06	未出 15 正确
23036	09	未出 06 正确
23037	12	未出 09 正确
23038	08	未出 12 正确
23039	09	未出 08 正确
23040	08	开出 09 错误

3. 六位减一位杀下期红球

附表 3　六位减一位杀下期红球

期号	杀号	正误
23026	32	***
23027	25	开出 32 错误
23028	17	未出 25 正确
23029	30	未出 17 正确
23030	29	开出 30 错误
23031	26	开出 29 错误
23032	27	开出 26 错误
23033	18	未出 27 正确

期号	杀号	正误
23034	15	未出 18 正确
23035	32	未出 15 正确
23036	17	未出 32 正确
23037	23	未出 17 正确
23038	31	未出 23 正确
23039	26	未出 31 正确
23040	22	未出 26 正确

二、定胆组方法与统计

五码胆组方法——上期开奖号码六码拆分相加得到的数再相加（如果得数还是二位数再进行相加）；上期开奖号码六码互减取最大值，得到的两个号码相加，前取二码后取二码作为当期胆组。

附表 4　胆组

期号	胆组	正误
23035	16 17 18 19 20	***
23036	05 06 07 08 09	出 18 19 正确
23037	20 21 22 23 24	出 08 正确
23038	19 20 21 22 23	未出 错误
23039	09 10 11 12 13	出 19 正确
23040	14 15 16 17 18	出 09 正确

三、原创方法对应预测条件

附表 5　对应

原创方法	对应预测条件
延推法	定位尾数分析、奇偶质合大小比值分析、三区比分析等

原创方法	对应预测条件
位移法	出号点位、龙头凤尾、定位尾数
居中法	出号点位
分解法	区分区间大小号、出号依据
中线、中线和	定位尾分析预测、出号依据
雨落号	走势定胆码方法
寻码图	蓝号围码杀码
红蓝搭配法	单式号码红号与蓝号组合

四、双色球胆拖投注金额速查

附表6　速查表

拖码 胆码	胆1	胆2	胆3	胆4	胆5
拖2					4元
拖3				6元	6元
拖4			8元	12元	8元
拖5		10元	20元	20元	10元
拖6	12元	30元	40元	30元	12元
拖7	42元	70元	70元	42元	14元
拖8	112元	140元	112元	56元	16元
拖9	252元	252元	168元	72元	18元
拖10	504元	420元	240元	90元	20元
拖11	924元	660元	330元	110元	22元
拖12	1484元	990元	440元	132元	24元
拖13	2574元	1430元	572元	156元	26元
拖14	4004元	2002元	728元	182元	28元
拖15	6006元	2730元	910元	210元	30元

五、双色球奖金对照表

附表 7　对照表

中奖等级	奖金	中奖条件	
		红球号码	蓝球号码
一等奖	浮动	● ● ● ● ● ●	●
二等奖	浮动	● ● ● ● ● ●	
三等奖	3000 元	● ● ● ● ●	●
四等奖	200 元	● ● ● ● ●	
		● ● ● ●	●
五等奖	10 元	● ● ● ●	
		● ● ●	●
六等奖	5 元	● ●	●
		●	●
			●

后　记

到此为止，本书已接近尾声。本书当中的内容是笔者独创的"延推法""中线与中线和""位移分析法""雨落号定胆法"等原创方法。笔者还会不断创新方法，研究新思路，让彩友们在奉献爱心的同时，大大提高命中率。

本书利用"延推法"把每位号码变成三选二的模式，在概率上，这样的分析手段也是比较高的，再总体分析大数据情况，得到的号码更有针对性、更有把握。

书中没有烦琐的方法，所有方法都是以走势的基本形态和规律进行推演、分析，"越是简单的方法才越有效"，追求烦琐复杂的方法只会自寻烦恼，效果还不是很显著。

彩票选号是用实际的策略和方法去突破，本书诠释了方法、技巧、精准验证、案例分析，相信彩民朋友一定会喜欢。

书中走势图的截图均来自"彩经网"，在此深表感谢！

由于数据涉及广泛，疏漏之处在所难免，请广大彩民、读者批评指正。

彩乐乐